花まるママの

子どもの才能を伸ばす魔法のことばノート

お母さんの勉強室主宰
吉本 笑子

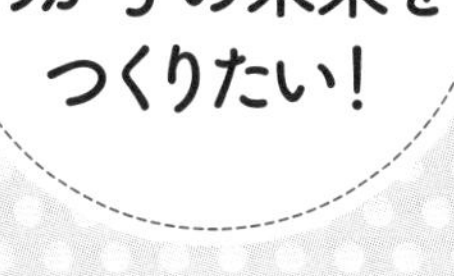

わが子の未来を
つくりたい！

かんき出版

まえがき

「何度、同じことを言わせるの？」

子どもがなかなか言うことを聞いてくれないと、つい大きな声を出してしまうことがありますね。

学校からもって帰ってきたテストの悪い結果を見て、こんなことを言う場面もありそうです。

「ちゃんと、先生の話、聞いてるの？　ダメじゃない、こんな点数を取ってちゃ」

子どものしつけのため。子どもを奮起させるために。声が大きくなったり、少しきつい言い方をするのも、わが子を思えばこそ、と思っている方も多いはずですね。

ただ、胸にちょっと手を当てて振り返っていただきたいのですが、子どもへの叱責が、本人のためというより、お母さんの感情をぶつけてしまっているだけ、ということはなかったでしょうか？

親の役目として、子どもを叱るときもあれば、子どもを支えるためのことばを投げかけることもあります。ただ、叱るにしても支えるにしても、心にとめておいていただきたいことがあります。

お母さんが口にするそのことばのなかに、子どもの成長をうながすことばがあるかどうか、ということです。

子どもの成長をうながすことばとは、たとえば、失敗にもへこたれない強い精神力を育てることばのことです。あるいは、どんな問題に向き合うときも、自分なりに考え、工夫しようとする独創的な精神を養うことばです。

大きな課題を前にしても、けっして怖気づかず、果敢に挑もうとする強い心を育むことばになるときもあります。また、途中で苦労するようなことがあっても、最後まであきらめずにやり抜く意志力を養うことばであることも大切です。

そして、行き着くところ、自分の力だけで歩もうとする自立心を養うことばになることが理想です。

精神年齢的にもまだつたないわが子を、そんな魔法のように変えてしまうことばがあるの？　と思われるかもしれません。
でも、「魔法のことば」はたしかにあるのです。しかも、お母さん自身が、その魔法のことば使いの名手になれるのです。
それは、これまで25年以上にわたって、塾の講師として子どもたちと接してきて、また教育カウンセラーとして多くの母さんたちと出会ってきた私の確信といえるものです。

ただ、お母さんたちには、発想の転換がちょっぴり必要かもしれません。
子どもに「わからせよう」「教えておかなきゃ」と思うのではなく、子どもが自ら考え、行動を起こすように仕向けることばがけが何よりも大切だということです。
そのためには、自分の思いを伝えることより、子どもの思いをまず理解することが欠かせません。
この本では、わが子でありながら、じつはなかなか理解できていないお母さんたちのために、私が積んできたキャリアのなかで見てきた子どもの心やホンネを語りながら、明日からでも使える「魔法のことば」を紹介しています。
　ついカッとして、大きな声で子どもを叱りつけてしまう前に、まず深呼吸です。
　気持ちを落ち着けて、「魔法のことば」をかけてみてください。きっと、お母さんも驚くような効果が、子どもの心に生まれてくるはずです。
　そうなると、お母さんにも心の余裕が生まれます。
　この本がきっかけで、子どもの前ではいつもにこやかでいられる、“魔法使いのお母さん”がたくさん誕生してくださることを願ってやみません。

2010年9月
吉本笑子

目次

Part 5
最後までやりぬく力が湧いてくる「応援エール」

Part 6
一人でがんばる力がつく「魔法のメッセージ」

カバーデザイン／コミュニケーションアーツ
本文レイアウト・イラスト／田中小百合（オスズデザイン）

Part 1

子どもには
お母さんの気持ちは
わからない？

どうして、わが子に思いが伝わらないの？

夕方になっても、子どもはずっとテレビの前。

お母さんは、夕食のしたくをしながら、「いつになったら勉強をはじめるのかしら」と、ちょっとイライラしはじめます。

「宿題は、晩ごはんの前にやることにしようね」と、約束したばかりなのに……。

そういえば、先週のテストもあんなに悪かったのに、まだ復習をしていない。こんなことをしていたら、きっと勉強がどんどんわからなくなってしまう……。

心配のタネがどんどん大きくなって、お母さんはついに、カミナリを落とします。

「いつになったら勉強をはじめるの！　昨日と同じことを言わせないで！」

のんきにテレビを見ていた子どもは、いきなり怒鳴りつけられて、びっくり。昨日のお母さんとの約束や、先週のテストのことなんて、子どもの頭のなかからすっかり抜けています。

子どもの「目線」と、大人の「目線」

お母さんは、自分の思いをきちんと伝えたつもりなのに、子どもにはほとんど伝わっていなかった、ということはよくあります。

「いくら言ってもわからなくて」と、お母さんが嘆くとき、それは、お母さんの目線が、子どもの目線に合っていない場合が多いのです。

では、「子どもの目線」とは、どういうことでしょう？

ひとことでいえば、いま、目の前にあることに注がれる視線や意識のあり方です。

テレビでおもしろい番組をやっていれば、その番組に最大の関心を払います。隣で弟がゲームをはじめれば、今度はゲームに最大の関心は移るでしょう。

熱中してテレビを見ていても、弟とゲームをしていても、ふと別のことに関心が向くことがあります。そのときは、思い浮かべたことが最大の関心事になるのです。

つまり、子どもの目線というのは、関心がその場の点から点に移る「点の目線」といえます。

それに対して、大人がもつのは「線の目線」です。

子どもがテレビの前からなかなか離れない姿を見れば、昨日の姿と結びつけて子どもを見ます。宿題に手をつけないわが子を見て、寝るのが遅くなってしまう数時間後の姿と結びつけてイライラします。

「あれもしなくちゃいけないのに……」

「○○ちゃんはやっているというのに」

こんなふうに、目の前にいるわが子を見るときに、同じような出来事や過去のことと結びつけたり、必要なことやできていないことを思い出したり、ときには友だちなど比較の対象を思い浮かべてしまいます。

これが、大人の「線の目線」なのです。

親も「点の目線」で子どもと向き合う

大人が「線の目線」をもつのは、何かと何かを結びつけて考える知恵や想像力、そして記憶の引き出しも子どもよりうんとたくさんもっているわけですから、当然といえば当然です。でも、子どもを叱るときに、過去の同じような出来事をひっぱり出してきたり、友だちの○○ちゃんと比較する知恵はあるのに、子ども目線がそんな大人の「線の目線」とはまったくちがうことに、想像力がはたらく人が意外と少ないのです。

だから、つい「どうして昨日と同じことを言わせるの！」と口にしてしまうのです。子どもにも、大人と同じ「線の目線」があると思っているからです。

かりに、そんなお母さんのことばを耳にして、子どもがテレビの前から離れたとしても、それは、昨日のことを思い浮かべて反省して行動に移したのではありません。あくまで「いま」のお母さんが怖いからです。

「点の目線」で物事をとらえがちな子どもには、過去を引き合いにして「線の目線」で説得しようとしても、自発的な行動をうながすことはできません。

そんなときはお母さんも子どもと同じ「点の目線」で向き合わなければなりません。お母さんの意識を子どもにフォーカスして、子どもの「いま」の心理や精神状態、そしてどんな問題を抱えているのかを、ありのままに見つめることです。

そして、勉強でも習い事でも、「いま」できていないこと、力足らずの状態をありのまま受け入れ、「それでいいんだよ」とまず心のなかで認めてあげましょう。

それは、子どもに絶対的な愛を注げるお母さんだからこそできる「目線の切り替え」です。

できる子のお母さんほど問いかけ上手

もともと、子どもにとってお母さんは、“元気の素”といってもいい存在です。小さいころは、お母さんが喜んでくれることが何よりうれしく、そのために一生懸命、がんばろうとします。

そんな子どもの信頼を、お母さんは忘れてはいけません。勉強でも習い事でも、きちんとできる子どもは、お母さんがその信頼に見事に応えています。

そして、うまく子どもを導いています。

子どもの「前向きな心」を引き出してあげる

たとえば、子どもの話を聞くときにも、たんに耳を傾けるだけでなく、ときどき問いかけながら、子どもの意識をひとつに集中させるのが上手なのです。

何かできるようになったことをほめるのはもちろん、できないときには、一緒に考えてあげようとします。

ところが、問いかけではなく、“問い詰め”をしてしまうお母さんがときどきいます。たとえば、

「どうしてできないの！」

これは問い詰めことばの典型です。子どもに答えを求めているのではなく、ただ追い詰めているだけです。問いかけ上手なお母さんなら、こんなことばをかけます。

「どうしたらできるようになるだろうね？」

けっして投げやりふうではなく、むしろ、子どもと一緒に悩み、考える姿勢を見せるのです。寄り添う姿勢を見せながら、じつは子ども自身に考えさせ、子どもなりのことばを引き出そうとしているわけです。

お母さんの問いかけに、子どもは、ちょっとやってみようかなという気持ちになります。

叱りつけるより、子どもに寄り添う問いかけを

もうひとつ、寄り添う問いかけの例をあげましょう。子どもが、約束した時間になっても帰ってこないとき、よくこんな言い方をします。

「約束したのに、どうして守れないの！」

　怒鳴りつけられれば、子どもは、お母さんに叱られないように次は時間を守るかもしれませんが、けっして長続きはしません。行動は少し変わっても、意識がちっとも変わっていないからです。

　意識を根本から変えようとするなら、頭から叱りつけるような言い方ではなく、子どもに寄り添った問いかけことばのほうが効果があります。

「今度はどうやったら守れるか、一緒に考えてみよう」

　お母さんがひと呼吸して、穏やかな目線で子どもに問いかければ、子どもの心に、怒鳴られるときのような防御反応は生まれません。安定した精神状態で、自分なりに考えようとします。それが「前向きな心」です。

心にゆとりをもって「伝え方」を考えてみる

　ここで、まえがきでも触れたことを、あらためてお母さんに質問しますね。

　あなたのことばは、子どものためになっていると思いますか？　子どものためと言いながら、実際は自分の感情を子どもにぶつけているだけではありませんか？

　ちょっと考えてみましょう。

　感情を抑えきれずに、怒りをぶつけるだけでは、子どもにことばの内容は伝わりません。

問いかけ上手になるための第一歩は、心のゆとりをもつことです。“イライラ虫”が騒いでいるなと感じたら、ます深呼吸です。心が落ち着く間に、子どもへの問いかけがいつもと変わるはずです。

ただし、問いかけは、子どもの性格によって工夫してください。

きちんと目を見て、真剣に話さないと心が伝わらない子もいます。すぐに自分が責められているように感じて落ち込むような子なら、たとえ話をまじえながら、お母さんの思いを伝えましょう。

子どもがお母さんの問いかけをじっくり聞くためには、まずは、お母さん自身が工夫する必要があるのです。

Part 1

Part 2

Part 3

Part 4

Part 5

Part 6

「待つこと」と「がまん」が子どもの可能性を伸ばす

「前向きな心」を引き出す問いかけとは、けっして子どもの口から無理にことばを引き出すことではありません。

もし、問いかけても子どもの口が重いようなら、ことばが出てくるまで「待つ」ことも大切です。叱られるようなことをしでかしたときなら、なおさらです。

そんなときは、いまは「考えるタイム」と割り切って、辛抱強く待ってあげましょう。

大人でも、自分なりに考えた大事なことを相手に伝えるときは、ことばを慎重に選んで話します。

表現力がまだつたない子どもであれば、たとえ言いたいことが頭に浮かんでも、それをことばにするまでに時間がかかるものです。

じつは、その時間が、まさに「考えるタイム」。思考を深めるトレーニング時間になるのです。

そういうトレーニングを何度も繰り返していきながら、やがて自分の意見をしっかり言える子になるのです。

問いかけて思わしい反応が返ってこないと、お母さん

は、ついイライラしてしまいがちです。まして、叱るような場面だと、なかなかがまんができません。

何もしなくても、待つこと、がまんすること、そして見守ることが、子どもの成長の“促進剤”になることを忘れないようにしましょう。

無理な問いかけは「考えるタイム」を奪ってしまう

叱るような場面だけでなく、子どもの知性を育みたい一心で、ことばを引き出そうとするケースもあります。

「この本、どこがおもしろかった？」

子どもが本を読み終わると、こんなふうに感想を聞きたがるものです。でもそれが、子どもにとってはわずらわしいこともあるのです。

本を読み終わってもさめない、ワクワク、ドキドキ感。すぐにことばでは言い表せない余韻にひたっているのに、お母さんが、テストの答えを求めるように聞きたがる。

子どもにとっては“いい迷惑”です。

子どもの頭のなかでは、いろんな思いが駆け巡っているはずです。想像をふくらませたり、自分なりの考えを整理しているかもしれません。

そんなときに、無理にことばを引き出そうとすると、お母さんの顔色を見る子は、お母さんが喜びそうな感想をポツリと口にしたりします。

これは、お母さんが「考えるタイム」を強制終了しているようなものです。子どもをせかすお母さんの問いかけが、せっかくの「考えを深めるチャンス」を奪ってしまっているのです。

本を読んだあとの感想などは、一晩寝てから、翌日に聞いてもいいくらいです。子どもが、心にある思いを自分のことばで語るまでには、たっぷり時間がかかることを忘れないでください。

「考えるタイム」の中断は、学力にも影響する

「考えるタイム」に親がドカドカと足を踏み入れてしまうと、子どもに、考えないでしゃべってしまうクセがついてしまいます。考えるのが面倒にもなります。

それは、学力にも大きな影響を与えます。

たとえば、国語では学年が上がるにしたがって、作品

をしっかり読み込む精読力が求められるようになります。

精読力とは、いわば考えながら読む力です。自分で考える力がなければ、物語文の主人公の心情も、評論文の筆者の主張も、きちんと見極めることはできません。

ほかの教科も同様です。

算数の計算問題をなぜ間違えてしまったのかと考える。社会や理科で知った出来事や現象を、なぜ、そのようなことが起きたのかと考える。これらはすべて「自分で考える力」なくしてはできないことです。

この「自分で考える力」を育んでいくためには、子どもが自分なりのことばを口にするまでじっと待ち続ける「がまんする力」がお母さんには求められるのです。

子どもの才能を伸ばす5つの力

子どもの才能というと、テストの点数や偏差値とか、運動や習い事のうまい・ヘタで親は考えがちです。

でも、「才能以前の力」というものがあります。勉強での学力を上げたり、習い事の上達に欠かせない「基礎力」といっていいものです。

才能を伸ばすのに必要な基礎力には、さまざまなものがありますが、私がふだんお母さんたちにその大切さを説いている力のひとつに「失敗する力」があります。

勉強でも習い事でも、つまずきを経験したときに、「なにくそ！」ってがんばれる子と、しょげてイヤになる子とでは、才能の伸び方には雲泥の差が出てきます。

つまずいても、悔しさをつのらせてがんばれる子が、私のいう「失敗する力」のある子です。

こんな基礎力を小さいころから養っておくことが、やがて才能を開花させることにつながるのです。

この本では、お母さんの問いかけで育むことができる基礎力を「魔法の５つの力」として、その魔法をかける

具体的なことばを紹介しています。

まず、5つの力とは次の力です。

❶つまずきを成長のチャンスに変える「失敗する力」
❷自分なりのやり方を見つけ出す「工夫する力」
❸目の前の難題にぶつかってく「挑戦する力」
❹自分の弱点を乗り越えていく「改善する力」
❺言われなくても自ら動く「自分からやる力」

この5つの力が、基礎力としてしっかり身についていれば、いまはまだ“才能の開花”が見られなくても、かならず後伸びしていくものです。

次章から具体的な「魔法のことば」を詳しく紹介する前に、5つの力について簡単に解説しておきましょう。

1 つまずきを成長のチャンスに変える「失敗する力」

お母さんは、子どもがつまずかないよう、つい先回りしてお膳立てをしがちです。

その「お膳立て」が、子どもの自分で考える力や、難題に立ち向かう力を奪ってしまうのです。

失敗はけっして悪いことじゃない。むしろ、自分が成長するための栄養になることを、早くから子どもに意識づけておきたいものです。

失敗にめげない強い心を養い、失敗から学ぶ知恵をたくさんつけてあげるのが、「失敗する力」を育む、いちばんの大きな目的です。

2 自分のやり方を見つけ出す「工夫する力」

「工夫する力」は、自分で考える力を育むうえでも、非常に大切な基礎力です。

人の思考力が発揮される場面では、Aという知識とBという知識を結びつけて独創的なアイデアにしたり、いろいろ頭をはたらかせて試行錯誤を繰り返しながら課題解決にたどり着きます。

工夫する力は、すべての学力に必要な基礎力となるだけでなく、大人になっても「知恵」を生み出す大切な力になるのです。

3 目の前の難題にぶつかっていく「挑戦する力」

失敗してもくじけない「失敗する力」や、なんでもおもしろがってやってみようとする「工夫する力」が身に

親子で育む「魔法の5つの力」

子どもの才能の芽を
伸ばしてあげましょう

ついてくると、少しレベルの高いことにもチャレンジしようとする「挑戦する力」もついていきます。

ただ、何事にも経験の浅い子どもにとっては、新しいこと、むずかしいことに挑戦するのは、かなり勇気がいるものです。

また、子どもの性格によっても「挑戦する力」には差があります。もともと負けん気の強い子は、友だちとの競争意識から挑戦意欲を燃やす子もいます。

一方、性格が穏やかな子には、ライバル意識から挑戦欲が生まれることはまれです。

そのような子どもの個性に応じて「挑戦する力」をうまく引き出していくことがポイントになります。

4 自分の弱点を乗り越えていく「改善する力」

「挑戦する力」をバネにして意欲的にはじめたことでも、最後までやり抜いていくために、途中でぶつかってしまう壁を乗り越えていく力が必要になってきます。

つまずきの原因を見つけて解決したり、自分の弱点を修正して再チャレンジしたり。そんな、自分を少しずついい方向に変身させるような「改善する力」が欠かせないのです。

好奇心をもっていろいろ試してみる「工夫する力」と

5つの力の先にあるわが子の「理想の姿」

失敗する力＝くじけない心

＋

工夫する力＝試行錯誤して考える知恵

＋

挑戦する力＝「できない」を「できる」に変える意欲

＋

改善する力＝いろいろなことを試す好奇心

＋

自分からやる力＝自発的に物事に取り組む自立心

↓

自分で才能を伸ばしていける子

異なるのは、多少イヤなことにも向かっていく心の強さが「改善する力」には必要なことです。

5 言われなくても自ら動く「自分からやる力」

これまで解説してきた4つの力が、個別の課題を目の前にしたときに必要な力だとすれば、この「自分からやる力」は、4つの力すべてを後押しする総合力ともいえるものです。

失敗してつまずいたときも、何かを工夫しようとするときも、むずかしいことに挑戦するときも、そして自分の改善点を直そうするときも、子どもが自らすすんで向き合ってくれれば、親としては言うことはありません。

日ごろ、なかなか勉強に手をつけないわが子にやきもきしているお母さんからすれば、まさに“理想の姿”ですね。

「そんな理想どおりいくかしら？」と思うお母さんもいるでしょう。もちろん、子どもがそう簡単に自立的な行動がとれるわけではありません。

だからこそ、お母さんの「魔法のことば」が必要になるのです。「魔法のことば」によって、少しずつ習慣づけていけば、子どもはきっと、大きく成長した姿を見せてくれるはずです。

Part 2

つまずきが成長のバネになる「プラス思考のことば」

ガイダンス

ちょっとしたおまじないで「心のエネルギー」を満タンに

子どもは毎日のようにつまずき、失敗しています。

宿題をうっかり忘れていたり、勉強や習い事で壁にぶつかったり、ときには学校で友だちとケンカして、先生に叱られたり。

その場限りの一時的な失敗であれば、子どもというのは意外とケロッとしているものです。

でも、同じことを何度も繰り返したり、自分でやろうと思ったことがなかなかできないときは、子どももへこんでしまいます。

なかには、「もう、やんなっちゃった」と前に進むことができなくなる子もいます。

勉強では、それが苦手意識につながります。一度、苦手意識が染みついてしまうと、克服していくのはなかなかむずかしくなってしまいます。

“苦手の虫”が顔を出す前に、お母さんは子どもがつまずいたり失敗したときに、ちょっとしたおまじないで「心のエネルギー」を満タンにしてあげる必要があります。

お母さんの「魔法のことば」で、つまずきや失敗を、成長のバネにする力を与えるのです。

失敗を「次」につなげることばがけが大切

ただし、つまずきや失敗を成長のバネに変えるのは、あくまで子どもです。これは、忘れないでください。

つまずいた子を大人の力で引き上げたり、失敗を解決するためにお母さんが一から立ち回ったのでは意味がないのです。

つまずいてしょげかえっている子どもに、「大丈夫よ、失敗したっていいんだから」と心に寄り添ってあげることは大切です。

でも、もっと大事なのは、つまずきや失敗が、自分のこれからの行動にとてもいいヒントを与えてくれることを子どもに気づかせることです。

子どもの心に寄り添いながら、「次」に結びつく思考をうながす。それが、この章の「魔法のことば」です。

1

自分の失敗を見つめる第一歩を後押しする

小学校の低学年ぐらいまでは、よほどしっかりタイプの子どもでないかぎり、落し物や忘れ物をするなど、ちょっとした失敗は日常茶飯事です。

きちょうめんなお母さんだと、そのたびにイライラしてしまうことになります。

「だから気をつけなさいって、言っているでしょ！」

ところが、お母さんがいくら叱っても、子どもがシュンとするのは、そのときだけだったりします。これでは、子どもはなかなか成長することができません。

日常的に起きる小さな失敗を機に、子どもを成長へと導くには、感情にまかせて叱るだけではダメです。

「忘れないようにするには、どうしたらいいかな」

ゆったりとした面持ちで、こんなふうにたずねてみて、失敗の原因を自分なりに考えるよううながすのです。

叱られているという現状にしか目をやれなかった子どもが、お母さんの問いかけによって、自分のした行動そのものを振り返って考えるようになります。

失敗を成長につなげる
魔法のことば

どうしたらいいかな

ワンポイント・アドバイス

叱るだけでは、子どもに伝わらないので、自分の行動を振り返ることができるようなことばをかけてあげましょう。子どもがどうしていいかわからないときは、一緒に考えてあげること

こんな言葉は絶対言っちゃダメ！

- 「だから言ったじゃないの！」
- 「ぼーっとしてないで！」
- 「お母さんの言うことを聞かないからよ！」

子どもの心に寄り添い、一緒に考えてあげる

とはいえ、「どうしたらいいかな？」と聞かれて、すぐに答えられる子は、そう多くはありません。

子どもの口が重いようなら、お母さんがサポートしてあげてもいいでしょう。たとえば、落し物をしたなら、

「じゃあ、どこまではもっていたか、覚えてる？」

ひとつずつ、自分のした行動や状況を思い出させ、子どもの記憶を一緒にたどってあげます。ちょっと前の自分を、いまの自分が思い出す。これは、「自分」を見つめる第一歩でもあるのです。

連絡帳に書いてあった持ち物を、学校にもっていくのを忘れたときでも、「連絡帳に書いてあるじゃないの！」では、たんなる問い詰めことばになってしまいます。

「連絡帳には書いてあるんだよね。じゃあ、どうしたら読むのを忘れずにいられるかな」

こう聞かれれば、子どもは、どうすれば家に帰って、連絡帳を忘れずに見るようになるのかを、自分なりに考えることができます。

お母さんが怒ってばかりいると、子どもは、その怒りに気をとられてしまいますが、寄り添う問いかけをすることで、子どもは、失敗を越えようとするのです。

失敗の原因を考える習慣を身につける

うーん
どこでなくしたか考えてみよう！
ポロッ

自分の行動を振り返って考えられるようにしてあげましょう

2

「わからない」と決めつける心の壁を取り払う

知らないこと、わからないことにぶつかると、すぐあきらめてしまう子がいます。

ドリルを開いても、しばらくじっと見ているだけで、いっこうに手が動きません。

「どうしたの？」

「だって、わかんないんだもん」

お母さんからすれば、「もう少し考えてみなさい」と言いたくなるところですが、こんなとき、子どもの心は“開かずの扉”で閉ざされていることが多いのです。

やればできそうなことでも、できなかったらイヤ。つまり、失敗が怖いのです。プライドの高い子ほど、失敗を怖がる傾向が強くなります。

自分で早々にムリと決めつけてしまう“開かずの扉”。それを、そーっと開けるのはこんなおまじないです。

「一緒に考えてみようか」

自分で「わからない」と決めつけてしまっている子どもに寄り添って、「お母さんも一緒にやるから」という

心にゆとりをつくる
魔法のことば

一緒に考えてみようか

ワンポイント・アドバイス

「お母さんも一緒」という安心感を与えることで、どこがわからないのか考えるゆとりができます。「一緒に考える」ときの準備のため、子どもの宿題やドリルにはときどき目を通しておきましょう

こんな言葉は絶対言っちゃダメ！

- 「もう少し考えてみなさい」
- 「なんで、こんなカンタンなことがわからないの」
- 「できないんじゃなくて、やろうとしないんでしょ」

安心感をまず子どもに与えるのです。

安心感を与えたうえで、どこがわからないのか自分で考えさせます。

「どこが、つまずいたところかなぁ？」

そんなふうに、少しずつ子どもに考えさせるのです。わからないところを自分のことばで具体的に言えるようになったら、お母さんはヒントを与えてあげましょう。

自分で閉ざしていた“開かずの扉”がギーッと音を立てるように少しずつ開いてくるはずです。

つまずきを乗り越えようとするわが子にエール！

子どもが自分で「わからない」と決めつけていたことに取り組みはじめたら、お母さんは、しばらく“伴走”するつもりで、所々で声援してあげましょう。

「そうだね、いいね」

少しでも手を動かしはじめたら、感情をこめてほめます。ひとつ問題が解けたら、またエール。声援を送り続けて、子どもを自己肯定感でいっぱいにするのです。

問題のむずかしいところで立ち止まったら、そこでもまた「一緒だよ」という姿勢を見せてあげましょう。

「ここまではがんばったよね。じゃあ、ここからまたお母さんと一緒に考えてみようか」

そこで再びヒントを出してあげてもいいでしょう。

つまずきや失敗を自分の力だけで克服できない小さなころは、「お母さんが一緒にいてくれる」という安心感が何よりも大きなエネルギーになるのです。

ここで、お母さんにも少しお願いがあります。

子どもが家でやる宿題やドリルには、ときどきは目を通しておくようにしましょう。

「一緒に考えてみようか」と子どもに言うときに、お母さんにも、心と頭の準備をしておいてほしいからです。

高学年になってからの受験学習などは話が別ですが、低学年のころは、お母さんが“よき家庭教師”になるのがいちばんです。

3

イヤなことを乗り越える勇気と自信を与える

通いはじめた塾がイヤになって、宿題や勉強をさぼりがちになるということがあります。

そんなわが子を目にすると、つい「だって、あなたが行くと言ったんでしょ」などと声を荒げてしまいがちです。とにかく塾通いをやめることだけは"阻止"しなきゃ、と思ってしまうのです。

これでは本末転倒ですね。なぜ、宿題や勉強をさぼってしまうのか、その原因に目を向けなくてはいけません。

塾通いがイヤになる原因でよくあるのは、「できない自分」に直面することです。まわりの友だちはできるのに、自分はなかなかよい点数をとれない。「できない自分」に負い目を感じてしまうのです。

お母さんは、そんな子どもの心を受けとめて、さりげなくつぶやいてあげましょう。

「できないことを大事にしなきゃ」

できないことは、悪いことでも恥ずかしいことでもない。むしろ、できない自分とサヨナラするチャンスなの

「できない」にサヨナラさせる
魔法のことば

できないことを大事にしなきゃ

ワンポイント・アドバイス

「できない自分」に負い目をもたせないために、苦手問題も、「やれば、次はかならずできる」とエールを送ってあげましょう。子どもに「自分ならできる」と自信をもたせることが大切です

こんな言葉は絶対言っちゃダメ！

- 「自分ではじめたことでしょう」
- 「あなたの努力が足りないのよ」
- 「点数が悪いということは、やっていないということでしょ」

だと、やさしく説いてあげるのです。
　なかなか点数が上がらない原因については、塾の先生ともじっくり相談しなくてはいけないでしょう。
　でも、お母さんの役目は、まず「できる自分」になるステップになるのだと気づかせてあげることです。
「塾に通うのも、じつは『できない自分』を見つけるための“お宝探し”みたいなものなの」
　そんなふうに言ってあげてもいいですね。

イヤになったときこそが、成長するためのチャンス

「苦手科目」から逃げたがる子もいます。
　好きな科目ばかりやっていて、嫌いな科目はあまりやらなかったり、問題だけ解いて答え合わせをしていなかったりといったことは、意外に多いものです。
　こんなときも、子どもが苦手問題にもう一度トライできるよう、やはりプラス思考のことばがけが大切になってきます。
「こっちの科目もがんばれば、○○ちゃんなら、きっとできるようになるよ」
「もう一回やってみれば、今度は絶対できるようになると思うよ」
　できなかったことを意識させるのではなく、あくまで

も「次」に目を向けさせるのです。
「○○ちゃんなら、きっとできる」と、子どもに自信をもたせることを忘れないようにしたいですね。
「○○ちゃんのことをいちばんよくわかっているのは、お母さんなんだから」と自信に満ちた顔で言ってあげてください。お母さんは、子どもにとって“もっとも信頼できる存在”なのです。
　イヤなことから目をそむけずに、乗り越えていく勇気と自信を、お母さんのことばでつけてあげましょう。それができれば、子どもの将来の可能性はうんと広がります。

4 親子でミスの原因にじっくり向き合う

　子どもは、同じミスを何度もしがちです。前にやった失敗を繰り返しちゃいけないという、大人のような「線の目線」がなかなかもてないからです。

　でも、お母さんはその「線の目線」で子どもを見てしまいがちです。

「あ、また同じ間違いをしてるじゃないの！」

　テストでけっこういい点数をとったのに、数少ない間違いのなかに、同じミスを発見すると、とたんに眉間にシワを寄せます。

　これでは、子どもの心はしぼんでしまいます。

「すごいね、よくここまでがんばったね」と、まずはめいっぱいほめてあげることが先です。

　そのうえで、子どもとじっくりミスの分析です。

「ちょっと調べてみよっか」

　子どもからすれば、調べるもなにも、間違っている箇所があることは自分でもわかっています。しかも、同じミスを繰り返していることも薄々気づいているのです。

間違いを正解に変える
魔法のことば

ちょっと調べてみよう！

ワンポイント・アドバイス

ミスを叱る前に、まずできたところをほめてあげる。同じミスを繰り返すときは、ミスの原因に一度じっくりと向き合わせ、自分で探させるようにしましょう。自分の“クセ”に気づかせることができます

こんな言葉は絶対言っちゃダメ！

- 「また同じ間違いをしてるじゃないの！」
- 「またやったの。だからママが言ってるでしょ！」
- 「ミスするのは、わかっていないからでしょう」

問題は、同じミスをなぜ繰り返すかです。それを一度じっくり自分で考えさせるために、「ちょっと調べてみよっか」と子どもを誘うのです。

「クセ」を自覚するようになったら、一歩前進

子どもにとって、ミスの原因を探るのは面倒な作業です。間違えた自分と向き合うのもイヤなことです。

でも、「同じミスを繰り返しちゃいけない」という意識の定着は、成長していくうえで避けては通れないステップです。

「このクセさえ直せば、今度のテストはもっとできるね」

そんなプラス思考のことばがけをしながら、問題を解くプロセスを一緒にたどってみましょう。

「あ、ここだ！」と子どもが気づいたら、「よかったね、これチャンスだよ」と、原因の発見が自分を成長させる大きなステップになることを教えてあげるのです。

ひとつのテストのなかで、いくつもミスが見つかったときには、1問でも2問でも、子どもが理解しやすい問題からはじめて、ミスの原因を探っていきましょう。

ミスの原因となる「クセ」が見つかったら、それをノートに書きだすなどして、子どもにきちんと意識づけをさせます。こうした作業を、じっくり時間をかけてす

ることで、「同じミスをしちゃいけない」という意識が少しずつ刻み込まれていくのです。

意識の定着には時間がかかるものです。その後も子どもは、何度か同じミスを繰り返すはずです。それでも、お母さんは、「あ、またこのクセが出たね」と言いつづけなければなりません。

子どもが「クセ」ということばにすぐ反応するようになったら、一歩前進です。ミスをおかすたびに、その場限りの問題として見ていた「点の目線」から、同じ性質のものとして複数のミスを結びつける「線の目線」が生まれはじめているからです。

5

思い通りにならない経験も成長するためのステップ

テスト問題ができる・できないといった学力レベルのお話ではなく、ここでは自分の行動管理ができるかどうかという、ちょっぴり上級編のお話をします。

家庭での日々のドリル学習とか、夏休みなどの行動計画を子どもに立てさせるときがありますね。

自主性を重んじて、まず子どもに計画を立てさせるのですが、それが計画倒れに終わってしまうと、お母さんはつい「自分で決めたことじゃないの」なんて口にしてしまいがちです。

やはり、問い詰めてしまうのはよくありません。

自分で計画を立てるという成長への階段を一歩踏み出したのですから、そんなときは、お母さんも“上級編のことばがけ”をしなければなりません。

「なぜ、できなかったのかなぁ……」

不思議そうな顔をしながらつぶやくのです。

前述の「ちょっと調べてみよっか」という直接的な問いかけとは少しちがいます。まるで他人事のようにつぶ

失敗の原因を考えさせる
魔法のことば

なぜ、できなかったのかなぁ…

ワンポイント・アドバイス

大切なのは、決めたことをできなかったからといって責めないこと。「できないのが不思議」という顔で、子どもへの信頼感を見せてあげましょう。計画を立てるときも、実現可能かどうかをよく考えて

こんな言葉は絶対言っちゃダメ！

- 「自分で決めたことじゃないの」
- 「やると決めたことは、やりなさいよ」
- 「本当に大丈夫なの？　絶対できるわね？」

やきながら、子どもに“自己分析”をうながすのです。

あなたはできるはずなのに、それができないのは、お母さんにはとっても不思議。そんな思いを、子どもに暗に伝えるわけです。

そうすると、子どもなりに考えます。

ドリルを１日３ページやると決めていたのに、２ページしかできなかったのは、あのときゲームをしていたから……。子どもは最初、そんな個別の理由を考えます。

そこで、お母さんのサポートです。

「やっぱり、計画の立て方がムリだったんじゃないかな」

まず、計画を全体として考える視点をもたせます。そのうえで、ドリルを１ページするのに、どれくらいの時間がかかるのか、自分で振り返らせて、ムリがなかったかどうかを考えさせるのです。

ここで大事なのは、子どもが意地を張って、再度ムリな計画を立てても否定しないことです。子どもは失敗を繰り返しながら成長します。たとえ達成できなかったとしても、自分のミスを受け止めるよい経験になります。

あくまで、守らせるためのトレーニング

たとえムリがなさそうな計画を立てても、小さいうちは、なかなか計画通りにはならないものです。そんなと

きにも、お母さんはちょっぴりがまんです。

子どもを責めたりせず、「今日はできなかったけど、明日はきちんとやろうね」と、ひとまず心を軽くすることばをかけてあげましょう。

とくに男の子に多いのですが、自分が決めたことでも、それが達成できないと、やる気をなくしてしまうことがあります。

「決めたことは、絶対に守らせる」のではなく、「子どもに、守らせるトレーニングをしているんだ」と心に決めていれば、子どもが守れなかったときも、問い詰めるようなことを言わなくてすみます。

6

ケンカした相手の気持ちを考える心を育てる

子どもの失敗には、人間関係のなかで引き起こす失敗もあります。典型的なのが、友だちとのケンカです。

そもそも、幼稚園や保育園などの集団生活には、ケンカはつきものです。

子どもは、ケンカをしながら大切なことを学んでいくのですから、お母さんも基本姿勢としては、ケンカそのものにあまり目くじらを立てないことです。

ケンカをしたことを叱るより、むしろ、子どもに考えさせる絶好の機会と考えて、こんなことばがけをしてみましょう。

「どうして、そうなっちゃたんだろうね」

どちらが悪いとか、謝る・謝らないではなく、まず何が原因で友だちとケンカになったのか、子どもにじっくり考えさせるのです。

たとえ4、5歳の子どもでも、ケンカの原因はある程度、自分でわかっています。大切なのは、その原因を自分のことばできちんと語らせることです。

トラブルから学ばせる
魔法のことば

どうして、そうなっちゃったんだろうね

ワンポイント・アドバイス

もしわが子のほうが悪いと思っても、まずは子どもを信じる。そのうえで、どうすればケンカにならなかったか、ケンカをして友だちがどんな気持ちになったかなど、子どもに考えさせましょう

こんな言葉は絶対言っちゃダメ！

- （頭ごなしに）「ケンカはダメ！」
- 「仲良くしなさいって、いつも言ってるじゃないの」
- 「あなたが悪いんじゃないの？」

まずは子どもを信じて、言い分を聞く

ケンカの原因を自分のことばで語るといっても、小さいうちは、「客観的」というわけにはいきません。「だって、○○ちゃんが……」と、自己中心的な言い分になりがちです。

でもお母さんは、わが子が自分勝手な言い分を口にしていると思っても、とにかく子どものことばにきちんと耳を傾けてあげる姿勢が大切です。

子どもはお母さんを説得しようと、いろいろ考えながら話します。コミュニケーション能力を高めるトレーニングといってもいいくらいです。そして、お母さんが自分のことをわかってくれているという思いは、子どもの高ぶっていた感情をしずめ、心を素直に開かせます。

ひと通り言い分を聞き終わったら、さりげなく、こんなことばを投げかけてみましょう。

「そうかぁ。じゃあ、○○ちゃんは、そのときどんな気持ちになっただろうね」

ケンカした相手の子の気持ちを考えさせるのです。

お母さんがじっくり話を聞いてくれて、安心した子どもは、相手の気持ちを想像する心の余裕も生まれます。

「悲しい気持ちになったかもしれない……」

どんなことばであっても、相手の気持ちを表現することばが返ってくれば、大前進です。自分の思いを抱えながらも、相手の立場に目を向けられる“成長の芽”がそこに生まれているわけです。

「じゃあ、どうしたらケンカしないで遊べるだろうね」

楽しいことには、友だちも仲間に入れてあげること。自分が言われてイヤだと思うことは、友だちだってイヤ。みんなで仲良く遊ぶには、順番やルールを守ること……。

子どもは、ケンカというトラブルをきっかけに、自分なりに考え、集団社会で大切なことを学んでいくのです。

自分のつまずきや失敗から、“世の中のルール”を学ぶ第一歩ともいえます。

小さいときの失敗こそ、かけがえのない人生体験

私が「失敗する力」の大切さを身にしみたのは、ある教え子の体験からです。

小学校のころから秀才の誉れ高かった彼は、私立の中高一貫校を経て超難関大学に入学。卒業後は一流企業に就職という絵に描いたようなエリートコースをたどりました。

ところが、社会人になってまもなく、仕事や人間関係で大きな壁に突き当たります。

およそ挫折や失敗とは無縁だった彼は、人生ではじめての「壁」にぶつかったとき、自分の弱さを省みることができませんでした。自分に都合の悪いことに目を向けることができず、簡単に会社をやめてしまったのです。

私はそのとき、彼に壁を乗り越えることの大切さを伝えられず、自分の力のなさを痛感しました。

小さいときに失敗を乗り越える経験を積むことは、その後の人生の貴重な糧になるものです。お子さんが壁に突き当たったら、お母さんは、かけがえのない体験をしているとのだと、がまん強く見守ってあげてください。

Part 3

工夫する意欲が自然に生まれる「励ましことば」

ガイダンス

ちょっとしたことばがけで育まれる「工夫する力」

言われたことはそれなりにやるけど、それ以下でもそれ以上でもない。行動を起こすのは、いつも指示をされたときだけ。ビジネスの世界では、そんなタイプを「指示待ち族」といいますね。

じつは、子どもの世界にも「指示待ちクン」は増えています。お母さんたちが、何でも一から世話を焼いていることが一因かもしれません。

社会人になってからのことは、まだ遠い先の話と思っているお母さんも、指示待ちクンのままでは、学力にも大きな影響が出るといったら、どうでしょう？

やはり、心配になりますよね。

自分で考える習慣のエンジンにもなる

お手伝いでも勉強でも、言われなければしない。やるとしても言われた通りのことだけ。そんな行動習慣がしみついてしまうと、学力の向上に欠かせない「工夫する力」が身につかないのです。

工夫する力とは、自分なりにいろいろ試してみる力です。たとえば、算数の文章問題に向き合うときに、図を描いて考えてみるのも、「工夫」の一種です。

工夫の力が求められるのは、ひとつの答えを導き出すために、問題と向き合うときばかりではありません。

国語の読書感想文などで、自分の感動を伝えるためにはどのように書いたらいいか、文章表現をいろいろ考えるのも、工夫の力あってこそのものです。

自分なりにいろいろ試しているうちに、なんかうまくできたような気がする。試しにやってみたことが、「それ、いいね」とまわりの人が言ってくれる。

そんな経験を積みながら、人は知恵を身につけているのです。知恵の吸収だけでなく、自分で考える習慣のエンジンといってもいいのが、工夫する力なのです。

言われたこと以上のことを、自分なりの工夫でやってみようという意欲が、お母さんのちょっとしたことばがけの“工夫”で育まれるのです。

7

子どもの好奇心の翼を広げる

幼児期の子どもは、あらゆるものに目を輝かせ、好奇心をふくらませます。

ところが、年齢が少しずつ上がるにつれて、本来もっている好奇心がしぼんでしまうことがあります。

時間を忘れて夢中になっているときに、お母さんの口から「早くしなさい」「いいかげんになさい」といったことばが出るようになると、好奇心の扉が少しずつ閉ざされるようになるのです。

もちろん、学校に上がって、規律が求められる生活習慣を送る時期になれば、好きなことだけをやらせておくわけにはいきません。

でも、そのルールのある生活のなかで、子どもが見せる“好奇心の芽生え”には注意深くありたいものです。

たとえば、子どもが学校で経験した出来事を嬉々《きき》として話したときに、

「へえ～、おもしろいわねぇ！」

と、子どもが味わった感動に、めいっぱい関心を示し

小さな関心を大きく育てる
魔法のことば

へぇ〜、おもしろいわねぇ！

ワンポイント・アドバイス

子どもの“好奇心の芽生え”を見逃さないように注意。子どもの好きなことには、それが勉強に関係なくても、理解と共感を示してあげたいものです。工夫する力は遊びのなかでも育まれるのです

こんな言葉は絶対言っちゃダメ！

- 「くだらないことやってないで！」
- 「そんなことより……」
- 「もういい加減にしたら？」

てあげるのです。

こんなことをしたら、どうなるんだろうと工夫する力は、好奇心から生まれるものです。その好奇心の対象となるものは、日常生活のさまざまなところにあります。

親からすればあたりまえのようなことでも、子どもにとっては興味津々のこともあります。そんな“小さな関心”を、お母さんが注意深く受けとめてあげるのです。

親は、子どもの好きなものの理解者になる

子どもの好奇心を育むには、お母さん自身も、好奇心の塊になることです。

昆虫やゲーム、アニメなど、お母さんにはまったく興味のないものでも、まず子どもと同じように関心をもってあげましょう。

子どもが「おもしろい！」「すごい！」と思うことに理解と共感を示してあげることが大事なのです。

遊びのなかでも、子どもは自分なりにルールをつくったり、工夫をして楽しもうとします。そんなときは頭脳の働きがかならず活発になっているものです。工夫する力が考える力を誘発しているのです。

工夫する力が養われるのは、けっして勉強のときだけではないことを、お母さんは忘れないでください。

「共感」で子どもの好奇心を刺激する

子どもの関心

↓

好奇心がふくらむ

↓

工夫する力がつく

好奇心は工夫する力のもと。
子どものワクワク、ドキドキを
しっかり受け止めてあげましょう

8

「指示待ちクン」にサヨナラさせる

　お手伝いをさせるなかで「工夫する力」を育むこともできます。

　ただ、お母さんたちの誰もが感じているように、子どもは年齢が上がってくるにつれ、お手伝いをわずらわしく思うようになります。

　洗濯物が積み重なっているのを見ても、「たたんでくれる？」と言われなければ何もしない。しかも、たたむだけで、結局、タンスにしまうのはお母さん。買い物を頼んでも、買ってきたものをテーブルにポンと置くだけ。

「生野菜とジュースは冷蔵庫にしまって」

　と具体的に指示されないと動かない。

　言われたこと以外はまるで他人事。いわゆる「指示待ちクン」状態です。

　そんな子どもには、とっておきのことばがあります。

「洗濯物、いつものように、お願いね」

　この「いつものように」というのは、お母さんがいつもやっているように、という意味です。それに、気づい

責任感の強い子にする
魔法のことば

いつものように、お願いね

ワンポイント・アドバイス

うまくできるか心配でも、お手伝いは思い切って任せることが大切です。「やってくれると助かるわ」と、頼りにしていることも告げると、子どもは責任感をもってお手伝いをするようになります

こんな言葉は絶対言っちゃダメ！

- 「どうして言わないとやってくれないの」
- 「だから、そうじゃないって言ったでしょ」
- 「もう、いい！　お母さんがやるから」

た子どもは、キョトンとします。

でも、お母さんは、それ以上余計なことを言わずに、子どもがどうするか、じっくり観察してみましょう。

子どもは「いつものように」と言われて、お母さんがどうしていたのか、思い出そうとします。それでも、思い出せないときは、自分なりに考えます。

ここで、工夫する力が発揮されるのです。

最初はお母さんも心配かもれませんが、お母さんにとってはがまんのしどころです。たとえ、完全に「いつものように」いかなくても、子どもなりに考えてやったあとがうかがえたら、めいっぱいほめてあげましょう。

子どもに“役に立っている感”を抱かせる

指示待ち意識や、やらされ感から抜け出させるためには、基本的には、本人の自覚を待たなければなりません。自覚が育たなければ、ほかでも、なかなか変わってきません。

ただ、本人の自覚を待つ以外にも、効き目のあることばがけがあります。お母さんが、ホンネをもらすのです。

「やっておいてくれると、助かるわ」

大人がこんなことばをポツリともらすと、小さな子どもでも“役に立っている”という思いが芽生えます。

「そうか、お母さん、ボクを頼りにしてるんだ」
「お母さんのためなら、がんばらなくちゃ」
　子どもなりに責任感をもつようになると、考えることもちがってきます。
「最初に読みっぱなしの本を本棚に片付けて、新聞を整理して、掃除機をかけるのはそれからで……」
　こんなふうに、頼りにされているという自覚が責任感を生み、責任感が自分なりに考える作用も及ぼすというわけです。
　お手伝いというと、子どもにすべて任せるのが心配だったり、やることが遅いとつい手を出してしまいがちですが、お母さんが少しがまんすれば、子どもの工夫する力を育む格好のトレーニングにもなるのです。

9

子どもに肯定感を与えて、やる気を高める

今度は、勉強での「工夫する力」の話です。

一生懸命やっているのに、なかなか成績が伸びない。教育熱心な家庭で、意外とそんな子がよくいます。

お母さんは、子どもの勉強法も学習の内容も見事なほど理解していて、一生懸命に教えます。でも、子どものほうは、自分の勉強なのに、どこか他人事。つまり、やらされ感がつきまとっているのです。

勉強でのやらされ感が抜けないと、自分で工夫しながら考えようとする意識が芽生えません。

お母さんもまず、発想の切り替えが必要です。

子どもに教え込むことよりも、子どもの心にやる気のスイッチを入れてあげることが先決です。言われたからやるのではなく、自分でやってみることが大切なのだという意識をもたせてあげなければなりません。

そのためには、日ごろから、どんな小さなことでも自分で成し遂げたことを、とにかくほめてあげることです。

「すごいね、やったじゃない」

自分でやる意欲を高める
魔法のことば

すごいね、やったじゃない

ワンポイント・アドバイス

どんな小さなことでも、子どもがやり遂げたことはほめてあげてください。やる気のスイッチをオンします。自分でやる意欲が芽生えてきたら、自分なりのやり方を考えさせてみましょう

こんな言葉は絶対言っちゃダメ！

- 「そんなやり方じゃダメでしょ」
- 「自分の勉強でしょ。お母さんの勉強じゃないのよ」
- 「できないのに、どうして平気なの」

「よくここまでがんばったね」

こうしたお母さんのことばで、子どもの心に「次もがんばろう」という意欲が芽生えます。それが、「自分でやってみる意欲」につながるのです。

じゃあどうするか、自分なりのやり方を考えさせる

子どもに、少しでも自分でやろうという姿勢が見えたら、次は、自分なりのやり方を考えさせます。

テストができなかったからといって、全部を一度にできるようにしようとする必要はありません。大切なのは、自分から勉強しようとする意欲を高めることです。

ひとつだけでも、できなかったところを取り上げて、次のテストでできるようにするためにはどうしたらいいかを考えさせるのです。

お母さんが先に口を出したりしないで、まず子どもに考えさせてみます。子どもにやらせてみて、うまくいかなければ、もう一度じっくり考え直せばいいのです。

どうしても苦手な教科で、やり方がまったくわからないときだけ、お母さんがヒントを出して助けてあげます。

お母さん主導で勉強していた子どもにとって、自分でやり方を工夫し、自分なりの努力ができるようになれば、とても大きな自信になります。

ほめことばで「やる気スイッチ」をオン！

子どものやる気の源は、
親のほめことば

10

集中して取り組む力を身につけさせる

自分なりの工夫を凝らそうとしているときは、精神がとても集中している状態です。集中力が保たれてこそ、工夫する力も生まれると言っていいでしょう。

でも、子どもはその集中力がなかなかもてません。

お母さんたちのなかにも、わが子の集中力のなさを嘆く方がたくさんいます。集中することが苦手な子どもには、前述した子ども特有の「点の目線」を踏まえて、こんなふうに言ってみてはどうでしょう。

「最初に、ひとつだけ。これだけやってみようよ」

一度にたくさんやらせようとすると、どうしても集中が途切れて気が散ってしまいますから、ゴールがすぐ見えるような分量を最初に決めて、「これだけは仕上げようよ」と、子どもに取り組ませるのです。

「このドリル、1ページだけやってみようか」

そして、1ページ終えるまで集中してできたら、すぐ採点をしてほめてあげます。こんな“小さな成功体験”を積み重ねて、集中力が持続する時間と量を増やしてい

郵便はがき

恐れ入りますが切手を貼ってお出し下さい

102 0083

126

東京都千代田区麹町4－1－4
西脇ビル5F

㈱かんき出版
読者カード係行

フリガナ
ご氏名

性別　男・女
年齢　　歳

フリガナ
ご住所　〒

TEL　（　　）

e-mailアドレス

メールによる新刊案内などを送付させていただきます。ご希望されない場合は空欄のままで結構です。

ご職業
1. 会社員　2. 公務員　3. 学生　4. 自営業　5. 教員　6. 自由業
7. 主婦　8. その他（　　）

お買い上げの書店名

★ご記入いただいた個人情報は、弊社出版物の資料目的以外で使用することはありません。
★いただいたご感想は、弊社販促物に匿名で使用させていただくことがあります。　□許可しない

←小社携帯サイト末尾のバナーからも、ご応募できます。

ご購読ありがとうございました。今後の出版企画の参考にさせていただきますので、ぜひご意見をお聞かせください。なお、ご返信いただいた方の中から、抽選で毎月５名様に弊社オリジナル文具を差し上げます。

書籍名

①本書を何でお知りになりましたか。

- 広告・書評（新聞・雑誌・ホームページ・メールマガジン）
- 書店店頭・知人のすすめ
- その他（　　　　　　　　　　　　　　　　　　　　　　）

---

②本書の感想(内容、装丁、価格などについて)をお聞かせください。

---

③本書の著者セミナーが開催された場合、参加したいと思いますか。

1 はい　　　　　　　2 いいえ

---

④今後、どんな内容の書籍をご希望ですか(テーマ、著者など)。

ご協力ありがとうございました。

小さな成功体験を与える
魔法のことば

最初に、ひとつだけ！

ワンポイント・アドバイス

手近なゴールを見せることで、子どもは集中して取り組めます。ときにはゲーム感覚のトレーニングも交えつつ、小さな成功体験を積み重ねさせながら、少しずつ集中する時間と量を増やしていきましょう

こんな言葉は絶対言っちゃダメ！

- 「今日は、これとこれを全部きちんと終わらせてね」
- 「もっと集中しなさい！」
- 「どうしてあなたは気が散るの！」

くのです。

ときには、ゲームをしてもいいでしょう。

お母さんが食後の後片付けで、一緒に座ってあげられなければ、皿洗いとドリルの競争です。

「ママがお皿を洗うのと、○○ちゃんがドリルが終わるの、どっちが早いか、競争しよう。よーい、ドン！」

子どもは集中するということがどういうことかわかっていないことも多いので、身体で体験させるのがいちばんです。

子どもが集中しやすい環境をつくってあげる

日ごろの親御さんの心がけとしては、親の集中する姿を見せておくことも大切です。

子どもの部屋があっても、小さいころは勉強はリビングテーブルでさせる家庭も多いですが、そんなときはリビングも「集中する空間」でなければなりません。

そばで勉強を見てあげる必要がない場合でも、お母さんやお父さんも新聞を読んだり読書をするなど、静かに集中している姿を見せてあげれば、子どもも自然に集中して勉強に向き合えるようになるはずです。

きょうだいがいるときにも、ちゃんと言い聞かせておくことが大切ですね。

勉強に集中できる環境づくりを

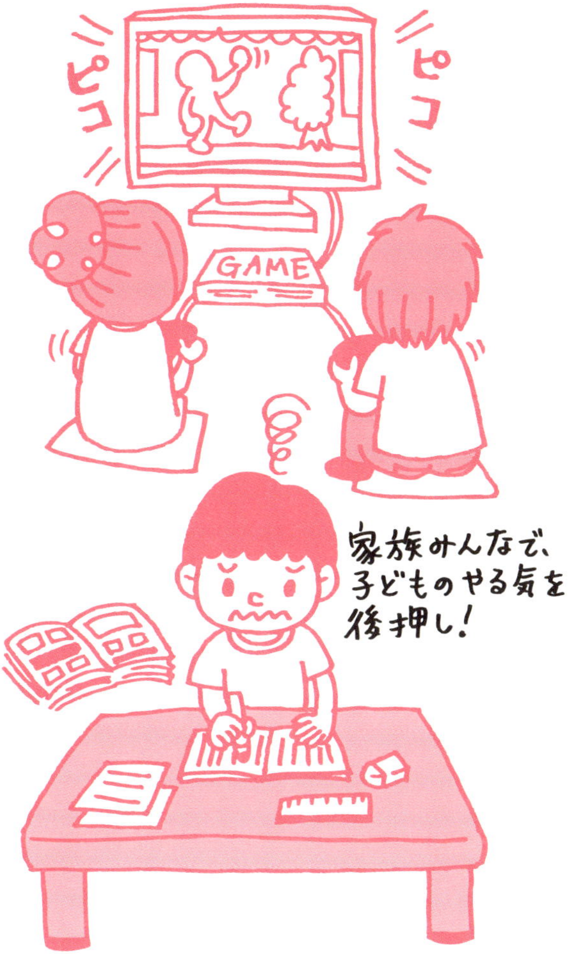
ピコ
ピコ
GAME
家族みんなで、
子どものやる気を
後押し！

11

自分の意見をきちんと言えるようにする

自分なりに工夫して考える力があっても、学校や塾では自分からすすんで発言しない子がいます。

お母さんと会ってみると、とてもお話上手で、「その子どもが……」と思うのですが、よく話を聞いてみると、家では、子どもが聞き役になっているケースが多いのです。むしろ、無理やり聞かされていると言ってもいいかもしれません。つまり、お母さんが一方的に話す傾向があるのです。

考える力と話す力は本来的には別ものですが、国語などの学習では、考えたことをわかりやすく伝えるという表現力がどうしても必要になってきます。

とくに、「自分で考える力」を重視する最近の教育では、自分の意見がきちんと言えることが大切になってきます。

この点は、お母さんも日ごろから心がけておきたいものです。ちょっとした話題について話しているときに、子どもの意見を聞いてみるのです。

「○○ちゃんはどう思う？」

自分で考える習慣をつける
魔法のことば

どう思う？

ワンポイント・アドバイス

お母さんが一方的に話してばかりだと、子どもの話す力が伸びません。子どもの意見に関心をもっていることを示しつつ、子どもの口からことばが出てくるのを、辛抱強く待ってあげましょう

こんな言葉は絶対言っちゃダメ！

- 「はっきり言いなさい」
- 「言い訳はしないの！」
- 「早く言いなさい！」

子どもが少し考え込んでも、先を急がず、ひとことでもいいですから、子どもの口からことばが出てくるのを待ちましょう。

たとえつたないことば使いであっても、お母さんが先回りして、“文章”をつくろわないでください。自分のことばで語ることが大切なのです。

また、きょうだいがいる家庭だと、よく、お兄ちゃんやお姉ちゃんが口を挟んでくるときもあります。そうなると、下の子は話そうとする意欲がそがれてしまいます。

上の子が話そうとしたら、

「ちょっと待ってね。いまは、○○ちゃんが話しているときだから」

きちんと、その子が話すための時間をつくってあげる配慮を忘れないようにしましょう。

子どものことばを復唱しながら、話を聞く

ことばがなかなか出てこない子どもと話をするときには、子どものことばをそのまま復唱するのも、効果があります。

「夏休み、どこに行きたい？」

「海！」

「そうだね、海に行きたいよね。海で何をする？」

「えっと……砂遊びをしたり……」

「そうか、砂遊び、いいね〜。何をつくるの？」

ひとことずつ、ていねいに、子どものことばを繰り返して確かめてあげるのがポイントです。そうすると、子どもは自分の言ったことを、親が肯定していると感じて、少しずつ自分のことばを口にするようになります。

自分なりに考えたことをきちんと伝えられるようになると、まわりの共感を得られるようになります。その喜びが、「じゃあ今度は……」と、さらに工夫して話そうという意欲につながります。

工夫する力と、表現力には、そんな相関関係があるのです。

自分なりの勉強法も工夫させる

教え子たちを見ていると、漢字や暗記が得意だという子は、たいてい自分なりのやり方をもっています。

朝の5分でぱっと覚えてしまう子もいれば、夜、寝る前に練習する子、カードをつくって、ポケットに入れて空いた時間に見ている子。間違えた字を付箋に書き、目につくところにべたべた貼っている子もいました。

共通しているのは、自分なりのやり方を工夫したということ。

子どもは誰でも、「できるようになりたい」という思いをもっています。ですから、ただ「勉強！」と言うよりも、「どうしたらできるようになるかな」と、工夫する心をうまく引き出してあげるほうがいいのです。

最初は、お母さんが提案してあげましょう。けれども、徐々に「自分らしい」方法にアレンジするように仕向けてあげるといいでしょう。

効果の上がるやり方は、一人ひとり異なるのですから、自分に合った勉強法を、工夫させることがいちばんです。

Part 4

チャレンジ精神が身につく「やる気100倍フレーズ」

ガイダンス

子どものチャレンジ精神を大切に育てる

たとえばテレビでサッカーの試合を観て、たまたま家にあったサッカーボールで急にドリブル練習をはじめるような子がいます。

そんな子の頭のなかには、スター選手さながら、自分がボールを自在に操る姿が見えているかもしれません。「あんなふうにできたら」という純粋な夢をもつと、子どもは、憧れのイメージに向かって、意外と簡単に走りはじめることができます。

それが、チャレンジ精神の原点といえるものです。

もしかしたら、目標は、はるか遠くにあるかもしれません。大人から見たら、はてしない夢かもしれません。

それでも、子どもは、ひとたび「あんなふうになりたい」と思いさえすれば、自分でも気づかないうちに、大きな目標に向かって走りはじめることがあるのです。

それは、大人が考えるような「つらいチャレンジ」というわけではありません。子どもは、けっこうワクワクして楽しみながらやっているものです。

結果より、チャレンジしつづけることが大切

何事にも怖気づかずに立ち向かうチャレンジ精神は、これまで述べてきた「失敗する力」や「工夫する力」とも密接に関わっている基礎的な力です。

失敗したりつまずいたときに、「もう一度がんばろう」と思うのもチャレンジ精神がなければきませんし、いろいろ試してみようと工夫するものもチャレンジ精神があってこそです。

お母さんとしては、チャレンジした「結果」をすぐ求めないことです。大事なのは、挑みつづける姿勢です。

勉強でも、いまの実力より、ちょっと高い目標を掲げて、その目標に向かってチャレンジしていきます。そのとき、最終的なゴールは、子どもによってさまざまであることをお母さんは忘れないでください。

大人になっても大切な、いつも挑みつづける心。それを育む「魔法のことば」を紹介しましょう。

12

いまより「一歩前」に踏み出させる

　小学校の低学年くらいの子を念頭に置いた話です。
　自分で「やりたい」と言った習い事なのに、思うように上達しなくて、行きたがらなくなる場合があります。
　こんなとき、お母さんは釈然としません。理由はわかっているのに、ついこんな言い方をすることがあります。
「なんで？　ちゃんと理由を言いなさい、理由を」
　いきなりケンカ腰です。そして、子どもにはつらいひとことを発してしまいます。
「あなたが『やりたい』と言ったんでしょ」
　でも、「自分の言ったことに責任をもて」というのは、大人の理屈。小さな子どもには通用しません。
　やはり、こういうときは、子どもの心をまず受け止めてあげなくてはいけません。
　問い詰める形ではなく、穏やかな口調で理由を聞いて、「だって、○○○ができないんだもん」と子どもが重い口を開いたら、きっぱり、こう言ってあげましょう。
「大丈夫、すぐにできなくていいんだから」

努力できる子にする
魔法のことば

大丈夫、すぐにできなくていいんだから

ワンポイント・アドバイス

子どもの引け目意識を取り除いてあげましょう。子どものこれまでの努力を認めてあげたり、いまの状態をやさしく受け止め、「いつか、きっとできるようになる」と自信をもって言ってあげてください

こんな言葉は絶対言っちゃダメ！

- 「まだできるようにならないの？」
- 「○○ちゃんはもっとできるのに」
- 「もっとがんばれるんじゃないの？」

大切なのは、「自分は上達しない」「ちっともうまくなれない」という思いを子どもの心から取り除いてあげることです。

せっかく楽しそうだと思ってはじめたのに、その楽しさが苦痛になっては意味がありません。

たとえば、水泳を習っていたときなら、

「最初のころを思い出してごらんよ。あんなに楽しそうだったじゃない。平泳ぎがうまくできなくても、クロールでちゃんと泳げるんだからいいじゃない」

できないことより、できていることに目を向けさせてあげるのです。そして、いまやっていることが、けっしてムダではないこと、将来にきっとつながるということを、自信をもって言ってあげましょう。

「これまで」を認め、「いま」を受け入れる

ただ、すぐできるようにしてあげたい現実的な問題に直面することもあります。

たとえば、鉄棒の逆上がり。

「この次の体育の授業で逆上がりをやるの」なんて聞けば、お父さんにも協力してもらって、なんとかしてあげたいものです。

でも、一生懸命練習した結果、できるようにならなく

ても、それはそれでいいのです。

そんなときも、自信に満ちた親御さんのことばが子どもの支えになります。

「できなかったことに、これだけチャレンジしたのはえらい！　たまたま、いまできないだけだから。もう少し練習すれば、きっといつかできるようになるよ」

子どもの「これまで」の努力を認め、「いま」の状態を受け入れてあげる。それをお母さんのことばできちんと伝えてあげることが、「これから」の子どものチャレンジ精神を育てていくのです。また、お父さんが協力してくれたという経験も、いつの日か子どもを支えてくれることでしょう。

13

「積極的になれること」から はじめてみる

お母さんに言われて、やっと宿題をしはじめたのはいいけど、いかにもつまらなそうな顔。そんなわが子に、こんな言い方をしたことはありませんか？

「何をダラダラやっているの！　早くしなさい！」

これは、勉強に向かう子どもに言ってはいけないＮＧワードの典型ですね。〈勉強＝苦痛〉という意識をますます子どもに植えつけてしまいます。

学習内容が理解できていないときは、それをきちんと見極めてあげなければいけませんが、勉強そのものがつまらないという子には、楽しく向き合える“工夫”をしてあげなくてはいけません。

そこで、こんな「魔法のことば」です。

「楽しいことからやってみようか」

子どもの楽しいことといえば、ゲームやアニメ、カードだったりします。その「遊び」からはじめるのです。

といっても、遊んでから勉強するのではなく、遊びながら勉強するのです。

学ぶ意欲を引き出す
魔法のことば

楽しいことから やってみようか

ワンポイント・アドバイス

やる気のない子に無理やり挑戦させようとしても効果はありません。子どもにはまず好きなことを楽しませましょう。勉強でも、楽しいことから派生させるようにすると、子どもは学びやすくなります

こんな言葉は絶対言っちゃダメ！

- 「勉強は、みんながまんしてやってるんだから」
- 「どうして自分からやらないの」
- 「そんなこと覚えても役に立たないでしょ」

「楽しい」から、「じゃあ、挑戦してみようか」へ

たとえば、ゲームが好きなら、ゲームの説明書に出てくる漢字を覚えさせます。むずかしい字には、あらかじめ読み仮名を振っておきます。

地名が出てくるゲームなら、地名の漢字やその地域の特徴をノートにまとめさせます。歴史上の人物が出てくれば、その人物を描いた本や歴史漫画を読ませるなどして、知識を増やします。

ゲームに"速さ"が出てきたときは、学校で習っていなくても、速さが、距離と時間から割り出されることを教えてもいいのです。

もちろん、ゲームに限りません。カードが好きなら、書かれている漢字を覚えさせて、1日5個ずつ、漢字テストをしてみるのもいいでしょう。

こんな勉強の仕方もあるんだと子どもたちにわからせることができれば、〈勉強＝苦痛〉という、かつてとらわれていた感覚が少しずつ薄らいできます。

そして、新たな学習分野に関心を示したり、チャレンジしてみようという思いも芽生えてきます。

私も教え子たちに実践していますが、ポケモンが好きな小学2年の男の子に、登場するキャラクターの大き

さの差を求めさせていたところ、メートルとセンチメートルの換算だけでなく、小数の計算まであっというまにできるようになっていました。

子どもは、自分の好きなことなら、調べたことをノートに整理したり、ふだんなら面倒くさがってやらないような計算もコツコツやったりします。

そこに「楽しさ」があるからです。楽しいことなら、調べるのも計算も苦になりません。それ自体が楽しいことになってしまいます。

勉強嫌いな子には、まず、この楽しさを実感させてあげることが大切なのです。

14

一人立ちのイメージを子どもに与える

不思議なものですが、子どもは、子ども扱いした口調で話をすると、いつまでも子ども気分が抜けません。逆に、大人扱いした口調で話しかけていると、ある日、妙に大人びた態度を見せることに驚きます。

やはり、ことばは人をつくるのです。

いちいち、理由を説明しなくても、お母さんが自信をもって口にしたことばに、子どもが「その気」になることがあります。

ときには、そんな即効の「魔法のことば」で、子どものチャレンジする意欲を引き出してはどうでしょう。

たとえば、いままで一から十まで手を焼かないと、動き出そうとしない子に、

「このあいだできたじゃない！　やってみよう」

と言って、ポンと子どもを放り出してみるのです。

お母さんに頼りがちなところを逆手にとって、そのお母さんが言うのだから大丈夫、と信じ込ませる作戦です。

一瞬、不意をつかれたような顔をしながらも、

いまよりひと回り成長させる
魔法のことば

このあいだできたじゃない！ やってみよう

ワンポイント・アドバイス

ときには思い切って、子どもを放り出してみるのも一人立ちのきっかけになります。ただし、子どもが親にもっと甘えたいと感じている場合は、満足するまでしっかり寄り添ってあげましょう

こんな言葉は絶対言っちゃダメ！

- 「お兄ちゃんでしょ」
- 「もう○年生になったんでしょう」
- 「お姉ちゃんは、あなたの年にはできたのに」

「お母さんがそう言うなら、大丈夫かも」

と、子どもは意外にさらりと、一人で動き出すかもしれません。

甘えの足りない子には、少しずつ時間をかけて

子どもの一人立ちをうながすとき、少し配慮しなくてはいけないのが、きょうだいがいるときです。

下の子は、上の子に対する競争心もあるので、比較的自分からやろうとする子が多いのですが、上の子の場合、目の前に、お母さんに甘えている弟や妹がいると、一人立ちがなかなかむずかしい場合があります。

お母さんは、「お姉ちゃんでしょ」とか、「もう大きいんだから」などと口にしがちですが、そういう言い方は、上の子に疎外感を抱かせてしまいかねません。

無理に一人立ちさせようとはせず、何度かお母さんが寄り添いながら、少しずつ手をかける割合を減らしていくのがいいでしょう。

子どもは、弟や妹にとられていたお母さんが、たとえ短時間でも自分のほうを見て、しっかり寄り添ってくれれば満足感を得るものです。

甘えたいという心がいったん満たされれば、あとは、一人にされても、そんなにうろたえることはありません。

「もう一人で大丈夫ね」

このひとことで、意外とすんなり親離れが進むこともあります。

昔の人は、「赤ちゃんに鏡を見せると、赤ちゃん顔が抜けない」と言いましたが、自分が赤ちゃんだと思っていれば、赤ちゃんのようにふるまうし、ふとした拍子に大人扱いされると、自分は大人なのだというイメージをもつものです。

「もう大丈夫だね」というお母さんのことばは、子どもに自分の成長のイメージをもたせ、チャレンジ精神を養う「魔法のことば」ともいえます。

自分は大人だという
イメージを与えてあげる

15

読み書きに慣れさせる親子の“共有体験”

「うちの子は本を読まなくて」と嘆くお母さんは本当に多いですね。でも、教育雑誌で取り上げられていた本や、課題図書とされる本を、ただポンと買い与えても、子どもはけっして本好きにはなりません。

小さいころからの読み聞かせも大切ですが、自分で本に向き合う習慣をつけたければ、まず本選びを子どもに任せることです。

私は、ゲームの攻略本でも、クイズ本でもかまわないと思っています。自分で興味のあるところから入れば、かならず好奇心の翼は大きくなっていくものです。

そして、物語にも関心が広がってきたら、こんなふうに言ってみましょう。

「一緒に読んでみようか」

1冊の本を広げて親子で読んでもいいですし、子どもが読みたいと言った本を買い与えたら、お母さんが同じ本を図書館から借りてきてもいいですね。

読書の“共有体験”は、子どもを本好きにする、とて

読書が好きな子にする
魔法のことば

一緒に読んでみようか

ワンポイント・アドバイス

親子で一緒に本を読む習慣が子どもの「読む力」を育みます。読む本を子どもに選ばせると、積極的に読書を楽しみます。「書く力」は、手紙のやりとりや交換日記で伸ばしましょう

こんな言葉は絶対言っちゃダメ!

- 「たまには、本を読みなさい」
- 「そんな本、どこがおもしろいの?」
- 「また同じ本読んでるの?」

も効果的な方法です。

一緒に、ハラハラ、ドキドキしたり、その感想を親子で話し合ったり。そんな、お母さんと共にした読書体験は、大好きな本を何度も読み聞かせしてあげたのと同じくらい、子どもにとっては濃密な体験になります。

家のなかで手紙のやりとりもしてみる

親子一緒の読書が、お母さんが寄り添う形での「読む力」のトレーニングだとすれば、「書く力」のほうでも同様のことができます。

といっても、寄り添って作文の指導をするわけではありません。家のなかで手紙のやりとりをするのです。

これは実際にあった話ですが、教え子のお母さんで、家のなかに郵便受けをつくって、お子さんと手紙のやりとりをはじめた方がいました。

すると、それまで自分の考えをなかなか伝えられなかったお子さんが、手紙のなかではきちんと、その日にあったことや、自分の考えなどを、きちんと表現できるようになったそうです。

交換日記でもいいと思いますが、とにかく子どもが気楽に文章を書く習慣をつくって、そこにお母さんも“参加”すること大切なのです。

子どもが書く内容には、こんなことに興味をもっていのか、こんなふうに家族を見ていたのかと、思わぬ発見があるものです。

「わー、すごい！」

「ほんとに、そうなの！」

などと、子どもが書いたことには、赤い花マル印と共に、短いことばでコメントも書いてあげるといいでしょう。文字や文法の間違いなどには目をつむりましょう。それより、書く意欲を育てることが大切なのです。

国語力の根幹である「読む力」と「書く力」のトレーニングは、子どもとの“共有体験”をもつことからはじめてはいかがでしょう。

16

日常生活のなかで算数のセンスを磨く

算数は、小さいころからの「先行体験」が十分にあると、それほど苦手意識をもたなくてもすむ科目です。

先行体験とは、日常生活のなかで、将来の学習に結びつくさまざまな体験を積み重ねることです。

計算式や図形とにらめっこするドリル学習のイメージがある算数も、じつは日常生活のなかにあるさまざまな先行体験を通して学んでいくことができるのです。

たとえば、家に遊びにくる友だちのために、子どもに近くのコンビニにおやつを買いに行かせるとします。

300円を渡して、

「これで、どれだけ買えるかな」

と子どもに任せると、コンビニに行って、いろんな計算をするはずです。できるだけおつりが残らないように、渡された300円を子どもなりに有効に使おうとするでしょう。

誕生日にケーキを切るときには、

「4人だから4分の1ね。じゃあ、5人なら？」

算数への興味を芽生えさせる
魔法のことば

これで、どれだけ買えるかな

ワンポイント・アドバイス

机の上での勉強をはじめる前に、生活のなかに隠れた「数」「図形」を子どもに教えるなどして、「算数体験」をたくさんさせましょう。楽しみながら体験することが、算数好きの子どもを育てます

こんな言葉は絶対言っちゃダメ！

- 「なんでこんなところで間違えるの」
- 「早く、ドリルをやりなさい」

「５分の１！」
　という具合に、苦手な子が多いといわれる分数についても、感覚的に親しませておくことができます。
　時計を見るときにも、
「長い針さんと短い針さんは、動くスピードがちがうみたいだよ。長い針さんは、１時間でひと回り。そのあいだに、短い針さんどれだけ進む？」
「目盛り５つ！」
　こんな会話をしながら、時間の概念や、図形の勉強に欠かせない角度のイメージをもたせることができます。

算数のセンスは生活体験のなかで育まれる

　日々の生活のなかで、“算数的な感覚”に目を開かせてあげると、今度は子どもが「これは90度に近いね」「これはぐるっとひと回りだから360度」などと自分から口にするようになります。
　それは、算数を楽しむ感覚の芽生えともいえます。
　算数は、数字の並び方や図形のなかにある一定のルールや決まりを発見する学問です。そのルールや決まりは、生活シーンのなかでいろいろ発見できます。
　時計やカレンダーの数字の並び方にも一定の法則があります。舗装された歩道の幾何学模様にも、図形的な法則を見つけることができます。

つまり、「算数」を楽しむ材料は、身のまわりにたくさんあるのです。この「算数を楽しむ感覚」こそが、苦手意識を防いだり、むずかしい課題を前にしたときのチャレンジ精神にもつながるものなのです。

お母さんのなかには、「うちの子は理数系のセンスがなくて」などと、まるでそれが先天的なもののように決めつけてしまう人がいます。

センスといっても、結局は小さいころからの体験の積み重ねです。日常生活のなかで、数字や、算数的なものの考え方にいかに親しんできたかがものをいうのです。

17

「どうして？」「なぜ？」の不思議体験で、理科好きに

算数や国語に比べて、理科や社会は、「暗記もの」だから、いつからでもできると、後回しにされがちです。

けれども、このふたつの科目こそ、低学年のうちにたくさん体験をさせて、「好き」にさせてあげたいものです。

いざ勉強をはじめたときに、ちょっとでも体験したことがあるものと、まったく聞いたこともないものでは、理解のスピードやその後の伸び方が、大きくちがってくるからです。

理科的なものに親しませるには、キッチンがいちばんです。こんなことばが、子どもの好奇心をくすぐります。

「あら、不思議！」

子どもは、不思議なことが大好きです。水を火にかければ、あら不思議、泡がボコボコ出てきますね。何もない鍋底から大きな泡が生まれては消えていきます。

そして、白い湯気が出て……。たしかに湯気はあったのに、あっというまに見えなくなります。これも、知識のない子どもにとっては不思議な現象です。

理科への関心を育てる
魔法のことば

あら、不思議！

ワンポイント・アドバイス

キッチンなどの身近なところから「不思議」を見つけることで、理科への関心を育みます。理科の教科書に出てくる用語を、できるだけ日常生活のなかで使ってみるのもいいですね

こんな言葉は絶対言っちゃダメ！

- 「忙しいんだから、キッチンで遊ばないで！」
- 「そんなこと、わからないわ」
- 「理科はむずかしくて苦手なのよ」

ちょっとした実験をやることもできます。
レモンを紅茶に入れると、色が変わるよ。卵をお酢につけると、どうなるかな。キュウリに塩をふると……、ほら、不思議でしょ！
どうして？　なぜ？　子どもがお母さんに質問をしはじめれば、お母さんの“なぞかけ実験”は大成功です。
どうして、こんな不思議なことが起きるのか知りたがる心がうずいてくれれば、それが理科好きになる第一歩になります。

日ごろの会話のなかで、理科用語に慣れさせておく

お母さんのなかには、「理科はどうも苦手で」と言う方も多いのですが、お子さんの質問にその場で答えられなければ、「お母さんもわからないから、一緒に調べてみようか」でよいのです。
お母さんも興味津々といった表情を見せることで、子どもの好奇心の扉はもっと大きく開きます。
お母さんが「わからないわ」「理科はむずかしくて」などと言って、せっかく芽生えかけた理科好きの芽をつぶしてはいけません。
また、どんなに理科が苦手なお母さんでも、子どもの理科の教科書には、ぜひ一度目を通しておくことをおす

すめします。

理科用語を頭に入れておいて、お子さんと一緒にいるときに、できるだけ使ってみるのです。「つば」ではなく、「唾液」とか、「水蒸気」「でんぷん」などなど。

理科の用語が出てきたときに、それになじめなくて、理科アレルギーになってしまう子がいるのですが、低学年のうちから、お母さんの口から出ることばでならしておくことで、理科へのハードルがうんと低くなります。

時間があって、好奇心旺盛な低学年のうちに、お母さんとの会話で、しっかり理科好きな子にしておきたいものですね。

18

身近なもので社会へのアンテナを敏感にする

算数や理科と同じように、社会についても、低学年からの生活体験が重要なカギを握ります。

高学年になると、地理も歴史も系統立てて、たくさんの知識を吸収していかなくてはいけないのですが、低学年のうちにぜひ身につけさせたいことがあります。

身近なことから社会的な関心をもつ習慣です。

自分がいま口にしているものは、どこから、どういうふうに運ばれてきたのか。自分の捨てたゴミは、清掃車で運ばれていったあと、どうなるのか。

そんな身近な問題を出発点にして、子どもの社会への関心の扉を開けることができます。

たとえば、台所で牛乳パックをもっているときに、

「この牛乳は、どこから来たんだろうね」

と言いながら、側面の表示を親子で見てみます。

「これ、ホッカイドウって読むんでしょ」

「そう。家に届くまでに、いろんな人が一生懸命運んでくれたんだよ」

社会への関心の扉を開く
魔法のことば

どこから来たんだろうね

ワンポイント・アドバイス

身近なものを使って、社会的な関心をもたせておきましょう。テレビやニュースを観るのも、社会科特有の「用語」に慣れるのに役立ちます。天気予報で地理の感覚を養うこともできます

こんな言葉は絶対言っちゃダメ！

- 「とにかく、覚えればいいの」
- 「大人にならないと、わからないわね」

北海道でつくられた牛乳が、トラックで輸送され、お店で売られて自分の家に届くまでのあいだのことを、お母さんとの会話で子どもはイメージします。

そして、牛乳パックを起点にして、県名や産地、道路のつながり、人の役割など、社会の授業でも学ぶさまざまなことを、ひとまとまりの知識として理解することができるのです。

テレビのニュースや新聞の記事を上手に活用する

社会という科目でも、「用語」が子どもの学習のネックになることがあります。むずかしいからといって避けたりせずに、ニュースなどの用語をお母さんが積極的に使ってみるのも効果があります。

天気予報は地図をしっかりと頭に刻み込むには最適です。全国の天気予報を見ながら、

「沖縄はもう梅雨が明けたのね」

「日本海側はまた雪が続いていて、たいへんね」

こんなふうに、地図と気候を結びつけるのです。

また、ニュースや新聞記事のなかで、ひとつでもふたつでも理解できそうな単語があれば、わかりやすく説明してあげます。

「裁判員」とか、「温暖化」「化石燃料」など、一見む

ずしそうですが、低学年の子どもでも、説明されればほとんど理解できるはずです。

そのときに、ただ語句の解説だけではなく、日々の生活との関わりを説明してあげることで、子どもの関心はより高まります。

「○○ちゃんも、大人になったら裁判員に選ばれるかもしれないね」

「地球の温暖化を防止するためにも、みんながゴミを減らすように心がけないといけないんだ」

こうした会話を積み重ねることで、子どもの“社会へのアンテナ”がどんどん敏感になります。

天気予報
ふむふむ
天気予報で地理に詳しくなる

男の子気質と女の子気質

子どもには、明らかに男女差というものがあります。

女の子は、一度にいくつかのことを並行してできますが、男の子はそれが苦手です。男の子に話をするときは、テレビを消して、まっすぐ目を見つめて話してあげないと、なかなか頭に入りません。

勉強でも、男の子は、女の子のように、いくつも器用にこなせないので、興味のあるものをひとつ選び、それを幹にして枝を伸ばしていくやり方が効果的です。

女の子は、親の期待に応えてきちんとやる子が多いのに、男の子は競争が好き。その裏返しで、負けると敗北感をもつ子が多いので、頭ごなしに叱るのは逆効果になります。

叱るときは、親ががみがみとことばで説明するのではなく、悪いところを自分で考えさせたほうがいいのです。

これは、「男の子気質」「女の子気質」というもので、男の子でも、女の子気質の強い子もいれば、逆のケースもあります。お母さんは、お子さんのタイプを見極めて、対応していくと、上手に導いてあげることができます。

Part 5

最後まで やりぬく力が湧いてくる「応援エール」

ガイダンス

子どもを後伸びさせる「最後までやり抜く力」

むずかしい文章問題などに挑戦して、ちょっと考えて行き詰まると、解き方をすぐ聞きたがる子がいます。

解き方を教えればちゃんと理解する力はもっているのですが、要するに“考える根気”がないのです。再びむずかしい問題に挑んだとき、また同じようなことが起きてしまいます。

一方、同じように文章問題にチャレンジして、行き詰まってもすぐには降参しない子もいます。

「そろそろ時間かな」と、こちらがヒントを与えようとすると、「ちょっと待って！」と教えられるのをすごく嫌がるのです。

それでも、結局、解けずにギブアップすることもあるのですが、そんなときは、顔にありありと悔しさが現れます。

このふたつのタイプの子を比べたときに、後伸びするのは、間違いなく後者のほうの子どもです。最後までやり抜こうとする力が決定的にちがうからです。

多少の困難でも自分で乗り越えていく力をつける

答えにたどり着けない結果は同じだったとしても、最後まで自分でやり遂げようとしていた子は、そのあいだ、頭のなかでは多くの試行錯誤を繰り返していたはずです。

自分でいろいろ試してみて、できなかった答えを知った子と、試行錯誤を経ないですぐ答えを知った子とでは、“理解の深さ”がまるきりちがってきます。

試行錯誤を苦にせず、最後までやりぬく力をもっている子は、勉強だけでなく、スポーツでも習い事でも、そして社会人になってからの生きる力としても、大きな可能性をもち続けることができます。

お母さんのちょっとしたことばがけで、この「最後までやり抜く力」を育むことができます。

ひとつのことを自分でやり抜くたびに、子どもは達成感をもち、それが自信となって、また新たな目標に向かっていくことができます。

19

壁にぶつかっても投げださない子にする

前の章で、子どもが習い事に行きたがらなくなったときを例に、「大丈夫、すぐにできなくていいんだから」ということばを紹介しました。

小学校低学年くらいまでのお子さんを念頭に置いたものでしたが、もう少し上の学年や、精神年齢の高い子になると、自分ではっきり「やめたい」と言ってくる場合があります。

そんなときは、子どもをもうひと回り大きくするチャンスと考えて、こんな言い方をしてみましょう。

「ママに何ができるかな？」

子どもは、最初はきょとんとするかもしれません。「やめたい」と言っているのに、いきなり「ママに何ができる？」と聞かれて、どう答えたらいいのか……。

ここで子どもは少し考えはじめます。じつは、この「考えさせる」ところがポイントなのです。

ママにできること……。それが、「習い事を続けるためにママができること」を意味していることは、ある程度

壁を乗り越えられる子にする
魔法のことば

ママに何ができるかな？

ワンポイント・アドバイス

お母さんはあくまで、応援する立場だということを忘れないでください。お母さんに頼るのではなく、「自分の力」で解決策を考え、行動することが大切なのだと子どもに気づかせましょう

こんな言葉は絶対言っちゃダメ！

- 「そんなこと言わないで、がんばりなさい」
- 「なんで、一度やると決めたことを投げ出しちゃうの」
- 「そんなにイヤなら、やめちゃいなさい」

の精神年齢に達している子であれば、たいてい気づくはずです。

子どもが少し考えているなら、こんなことばをついであげてもいいでしょう。

「これまで、○○ちゃん、がんばってきたよね。でも、これから続けるために、○○ちゃんのエネルギーが足りないとしたら、お母さんが何をしらたいい？」

お母さんが答えを出すのではなく、あくまで子どもに考えさせるのです。

自分なりに「解決策」を考えさせる

子どもが習い事などを自分から「やめたい」というのは、自分よりうまい子に引け目を感じたり、まわりの目が気になったり、さまざまな理由が考えられます。

いずれにしろ、その理由は、お母さんが代わって何かをしたからといって、解決できるものではありません。じつは、ある程度の年齢に達した子には、それを気づかせることも大切です。

子どもですから、「教えている先生がいつも叱ってばかりでイヤだ」とか、「もう少し遊ぶ時間がほしい」などと率直に言うこともあるでしょう。

そんな場合も、

「じゃあ、叱られないためには、どうしたらいい？」
「遊ぶ時間をつくるために、工夫できることはない？」
　などと、自分で目の前の壁をどう乗り越えていくかを考えるように仕向けましょう。
　子どもなりに考えた解決策で、親としてサポートしてあげたほうがいいと思うことがあれば、そのときは、“応援するよメッセージ”を送っておきます。
「お母さんから先生にひとことお願いしておくからね」
　ただし、お母さんは、あくまで応援する立場です。大事なのは子どもが「自分で考えた解決策」であるということを忘れないでください。

20

子どもの“やる気スイッチ”を入れ直す

ときには、何も言わない“沈黙作戦”が、子どもにインパクトを与える場合があります。これは、中学年や高学年向けのことばがけです。

たとえば、子どもがやるべきお手伝いを忘れたとき、注意するのは簡単ですが、そのまま黙っていて、家族みんなが困るという状況を体験させてみるのです。

ごみ出しをすることになっているのに、忘れていて、ごみ箱が溢れ返ったりとか、植物に水をやるのを忘れて枯らしてしまったという体験は、どんなことばよりも、「しまった！」という思いを深く刻むものです。

植物を枯らすのはかわいそうな気もしますが、何度も同じことを繰り返すようなら、自分の責任を自覚させるための“ショック療法”もやむをえません。

明らかに自分の責任なのに、できなかったことや間違ったことの原因を、ほかに求めるような責任逃れをするような場合も、「無言」が効きます。

「だって、○○ちゃんが悪いんだもん」

自分自身を見つめさせる
魔法のことば

……。（沈黙）

ワンポイント・アドバイス

責任逃れをするような言い訳には、あえて反応しないことも効果的です。自分の責任を果たさなかった結果、どうなったかを黙って見せることで、わが子に自覚をうながすのです

こんな言葉は絶対言っちゃダメ！

- 「すぐに人のせいにしないの！」
- 「責任もって、やることをやらなくちゃダメでしょ」
- 「あなたが同じことをするから、お母さんも同じことを言わなくちゃいけないのよ！」

　また人のせいにしているなと思ったら、あえて反応せずに、黙ってその場の空気を固いものにしてしまいます。
　内心、自分でも悪いということがわかっている子どもは、後ろめたさを多少なりとも自覚するはずです。

ユニークアイデア「腹が立ったら親子丼！」

　以前、あるお母さんがこんなことを話してくれました。
「私がイライラしていても、ウチの子は平気というか、知らんぷりなんです。それがまた私をイラつかせる。結局、怒りが爆発して、いつも子どもと大ゲンカでした」
　そこで、このお母さんは、自分がイライラしていることをどうしたら子どもに伝えられるかと考え、「腹が立ったら、親子丼をつくるからね」と宣言したそうです。
　以来、子どもは、お母さんが何も言わないまま親子丼をつくりはじめたら、なぜお母さんが怒っているのかを自分なりに考えるようになったというのです。
　おもしろいアイデアですね。
「早くはじめなさい」などと、同じことばをいつも繰り返していると、言うほうはうんざりするし、言われるほうも鈍感になってしまいます。ときには、「沈黙」をうまく使うことで、子どもの“やる気スイッチ”を入れ直すのも、ひとつのアイデアではないでしょうか。

ときには黙って子どもの自覚をうながす

お母さんの"沈黙"が自分を振り返るきっかけに

21

根気よく続けることを習慣づける

低学年のうちは、毎日決まった課題をコツコツとやる習慣はなかなか定着しません。ことに、飽きっぽい性格の子にやらせるのは、ひと苦労です。

「この子の性格、なんとかならないかしら」などと言うお母さんもいますが、性格はいわば個性です。その個性を無視して、無理強いをすると、心のなかに“勉強嫌いの虫”を育ててしまうことになります。

子どもの性格をなんとかしようとするより、その性格に合わせたことばがけを考えてみましょう。

たとえば、毎日の課題に取り組んでいるときに、いつもの「飽きっぽさ」が顔を出したら、思い切って中断するときがあってもいいのです。

「じゃあ、今日はここまで。明日、もう一度やろう」

突然の“中断宣言”に最初、きょとんとするかもしれませんが、飽きっぽい子は、お母さんの顔色をうかがいながらも、ホンネはうれしいはずです。

でも、この「魔法のことば」の大事なところは、「今

コツコツがんばれる子にする
魔法のことば

明日、もう一度やろう

ワンポイント・アドバイス

飽きっぽい子には、一度決めたことだからと無理に続けさせるよりも、"目先"を変えてやらせてみるのが効果的です。ちょっとしたごほうびを示すのもいいですね。ただし、やりすぎは厳禁

こんな言葉は絶対言っちゃダメ！

- 「どうして、そんなに飽きっぽいの」
- 「やると決めたんだから、ちゃんとやりなさい」
- 「ほんと、根気がないんだから」

日はここまで」という“中断宣言”ではなく、後ろにくる「明日、もう一度やろう」のほうです。

今日できなかったことを、明日の課題にする。いまのことしか頭にない「点の目線」の子どもに、「線の目線」をちょっぴりもたせるのです。

「そんなことをしたら、課題がどんどんたまっていくばかりでは？」と心配するお母さんもいるかもしれません。

でも、課題をためて困る経験をさせることも大切です。子どもが「じゃあ、どうすればためずにすむのか」と考えるきっかけになります。

それに、明日提出しなければいけない宿題なら別ですが、親子で決めた毎日のドリル学習などは、ペース配分はけっしてムリをすることはありません。

根気のない子には、やる量が少ない日があっても、「毎日やる習慣」が途切れないようにすることが大切です。

それが、長い目で見たときに、最後までやり抜く持久力を養うことになるのです。

ときにはお父さんがピンチヒッター

飽きっぽい子のモチベーションを高めるには、

「今度は、こういう方法でやってみようか」

と、ゲーム感覚をもちこんでもいいでしょう。

課題を終えるまでの時間を決めて、クリアできたら、ちょっとしたごほうびを提供するのです。

過度なごほうびは子どもの心に功利的な意識を植えつけかねないので注意が必要ですが、お菓子やゲーム時間の延長くらいならかまわないでしょう。

目先を変えるという意味では、お母さんに代わって、お父さんにピンチヒッターになってもらうのもいいかもしれません。

疲れて夜遅く帰るお父さんに毎日やってもらうのはたいへんですから、3～4日に一度くらい、ドリルのチェックをしてもらうのです。

でっかい花マル印に「よくがんばった」のひとことを添えれば、子どもには大きな励みになります。

22

自分で先のことを考える計画性を養う

3、4年生の中学年くらいになったら、「明日」のことを考える習慣をつけたいものです。忘れ物を防ぐという効用だけでなく、とても大きな意味があります。

計画性を養う第一歩になるからです。

最初は明日の授業予定を聞くだけでもいいでしょう。

「明日、何があるんだっけ？」

子どもは時間割を見ないと、その場ではすぐに答えられないものです。面倒くさがっても、

「お母さんに、教えてくれる？」

とうながします。予定を確かめるのに、ちょっとした手間を惜しんではいけないことを意識づけるためです。

時間割を確かめるのは、「明日を考える習慣」の定番中の定番ですが、それ以外にも、話題はいろいろあります。

「明日は、放課後、どうするの？」

「明日は、○○ちゃんの家に行くんだっけ？」

週末であれば、土曜日や日曜日の話題がもっと増えるはずです。

“先”を考える力を伸ばす

魔法のことば

明日、何が あるんだっけ？

ワンポイント・アドバイス

明日やることが「その先」につながっていくと教えることで、先を考える意識が芽生えます。夏休みなどの長期休暇の予定を子どもに立てさせるのも計画性を養うのに効果的です

こんな言葉は絶対言っちゃダメ！

- 「お母さんが計画を立ててあげるから」
- 「どうしてこんなことができないの！」
- 「計画立てたんだから、ちゃんとやんなさいよ」

毎日、明日のことを聞くのは、子どもも最初はわずらわしそうにするかもしれませんが、質問調ではなく、さりげなく「明日」のことを気にする。そんな雰囲気づくりが大切です。

夏休みの「行動カレンダー」で意識づけ

明日１日のことから、もう少し先を意識するトレーニングには、夏休みなどの長期休暇に入るときが最適です。

休みに入る直前に、親子で、休みのあいだの行動カレンダーをつくってみましょう。

できるだけ子どもに考えさせるのがポイントです。

家族旅行やサマースクール、習い事や塾など、あらかじめ決まっている予定は先に書き込んでおきます。

それ以外の、宿題や自由研究、ドリル課題など、子どもが自分の判断である程度決められるものは、自分で書かせます。友だちとの遊びの予定も、随時、書き込むようにしましょう。

夏休みに入ったら、お母さんは、リビングに貼り出した子どものお手製カレンダーを確認するように、

「明日は、何があるんだっけ？」

と、子どもの前でつぶやいてみるのです。

そのつぶやきにつられて、子どもも意識します。そし

て、自分が決めた課題や宿題の進み具合を、否が応でも気にせざるを得ません。

　子どもの立てた予定ですから、当初立てた目論見が崩れることもあります。そのときは、スケジュールの再調整も、子どもに考えさせてやらせましょう。

「今日やることはやったの？」という確認もたしかに必要ですが、それよりもスケジュールを守れるように工夫する力を伸ばしてあげることが大切です。

　年齢が上がってきたら、できたかどうかという結果で判断することから、少しずつ、自分で先のことを考える意識を育みたいものです。

「明日」を考えさせることは、「その先」を考えることにもつながるのです。

23

できるまで何度も やる意欲をつくる

　テストの結果を見るときには、できたところやがんばった点は、めいっぱいほめてあげることが大切です。ただし、間違ったところの「解き直し」をきちんとやっておくことを忘れないようにしましょう。
　子どもにとって、終わったテストをもう一度見直すのは、わずらわしいことです。しかも、自分ができなかった問題に向き合うのは、けっして楽しいことではありません。
　けれども、テスト直しは、欠落した知識を補ったり、誤った理解を修正するためには欠かせない学習方法です。
　勉強面だけでなく、大人になったときの考え方としても、自分の誤りや弱点を見直して改めていく姿勢は、なくてはならないものです。
　子どもにわかりやすく理解させるためには、「テストは大切な健康診断なのよ」と説明してあげましょう。
「テストは健康診断。悪いところが見つかったら治さなきゃ、重い病気になってしまうよ」

復習する習慣を身につけさせる
魔法のことば

テストは健康診断!

ワンポイント・アドバイス

体の悪いところを治さなければいけないように、テストは間違った箇所の「解き直し」が大切だと教えてあげましょう。ただし、一度に全部直させようとせず、ひとつずつできるようにしていくこと

こんな言葉は絶対言っちゃダメ!

- 「こんな点数とってきて、恥ずかしくないの」
- 「塾で何をやってるの!」
- 「間違えたところは全部直すのよ!」

取り返しのつかない大きな病気にならないためには、「早期発見」がいかに大切かも教えておきましょう。

お母さんは、テストでの悪い点数を見ると、つい感情的になりがちですが、自分でも「テストは健康診断だから」という意識を忘れないようにしてください。

悪いところがあったからといって、それをいくら責めても治るわけではありませんから。

早期発見ができれば、早期に治療もできる。それが、テストの解き直しなのです。

焦らず、基本問題から見直させる

解き直しをするときのポイントは、欲張って、一度に全部やらせようとはしないことです。

とくに男の子の場合、「自分はダメだ」という敗北感をもってしまって、いくら言っても、解き直しをイヤがって、放り出してしまう子が多いものです。どうしても必要な問題を見極めて、ひとつずつできるようにしていくと、比較的すんなり復習できます。

算数なら、まず、最初の計算や一行問題の確認です。

ここで、第2章で紹介した「どうして間違えたのか、調べてみようか」ということばがけが大切です。

いつもと同じ計算ミスをしているときもありますか

ら、親子で一緒に間違えた理由を確認しておきましょう。

文章問題でも、計算ミスの確認は大事です。子どもには、あとで見直しができるように、余白にきちんと筆算する習慣をつけさせます。

注意をうながすときは、「この次はがんばろう」といった抽象的に言い方ではなく、

「計算と一行問題は、間違えないようにしようね」

と、できるだけ具体的なことばで言ってあげます。

そして、解き直しができたときにも、

「すごい！　これさえできたら、5点は上がるね」

と、イメージしやすい具体的な言い方で励ますと、子どものやる気もうんとアップします。

24

とことん「熱中する体験」を積ませる

最近の子どもは、学年が上がるにつれて、習い事や塾で忙しくなり、遊びにめいっぱいのめりこむ時間が十分にとれなくなってきます。

それだけに、できるだけ小さいうちに、時間を忘れるほど熱中する体験を積ませておくことは、とても大事なことです。

大学受験勉強の最後の半年で一気に実力をつけたり、社会人になったときに、ここいちばんで力を発揮するような人は、小さいころに外遊びや習い事などに熱中した体験の持ち主が多いものです。

やりきる体験を積むと、中途半端さを生理的に嫌うようになります。とことんやらないと気がすまない。その感覚が、集中力や、最後までやり遂げる意志力につながるのです。

子どもが、一人遊びに熱中しているようなときにも、

「あら、楽しそうね」

そんな声がけを意識的にしてあげましょう。

「やりきる力」を育む
魔法のことば

あら、楽しそうね

ワンポイント・アドバイス

子どもが何かに熱中していたり、集中して取り組んでいるときは、無理に引き離さず、ひと声かけたあとは黙って見守ってあげましょう。「やりきる体験」で得た達成感は、将来の"生きるバネ"になります

こんな言葉は絶対言っちゃダメ！

- 「もう時間だから、おしまいね」
- 「いつまでやってるの」
- 「受験のためだから、習い事をやめるのは仕方ないね」

勉強のことが多少気になったとして、その場は熱中していることをまず肯定してあげることが大切です。とくに低学年のうちは、遊びでもゲームでも、とにかく無我夢中になって「やりきる体験」を積ませてあげることを心がけましょう。

子どもが没入しているときは、けっして無理に引き離そうとせず、静かに黙って見守ってあげる度量がお母さんには必要です。

熱中するものがあれば、無理にやめさせない

小学校高学年になって、中学受験を考える家庭では、お母さんはどうしても勉強のことが気になります。

それまで打ち込んでいた習い事やクラブ活動をやめさせる家庭もないではありません。

でも、やめるかどうは、あくまで子どもの判断に任せたほうがいいと思います。受験勉強のためとはいえ、やりたかったサッカーをやめてしまう。それでは、子どもの心にずっと“もやもやとした思い”を残してしまうことになります。

ここで、親御さんは、ひとつの「覚悟」といったものをもたなければなりません。

親の価値観として、少しでも偏差値の高い学校に行か

せたいという思いを優先するのか、学校の偏差値よりも子どもの「やりきる体験」を優先するのか。

私なら、後者のほうを大切にします。少しでも偏差値の高い学校に行くことが、子どものその後の幸せな人生を保証するものではないからです。

それに対して、やりきる体験で得た達成感は、子どもが将来にわたって“生きるバネ”としてもち続けるものです。困難にぶつかったときの底力にもなるものです。

「あなたが楽しいなら、それでいいんじゃない」

子どもに自己肯定感を与える、そんな懐の深いことばを子どもに投げかけたいものです。

お子さんの性格を理解する大切さ

たとえば、お母さんが明るい性格でおしゃべりもよくする人なのに、男の子のお子さんはおとなしいタイプで、口数も少ないというケースがあります。

その場合、お母さんは、学習計画や勉強メニューも自分の判断でトントンと決めていくのですが、子どもがなかなかそれについていけません。つい、お母さんは、「なんで、こんなことができないの」なんてことばを口にしてしまいます。

自分を否定するようなことばを聞いて、子どもはお母さんを信頼しないどころか、嫌悪感さえもってしまいかねません。そうなってしまうと、親子関係そのものが壊れてしまいます。

お母さんは、何よりもお子さんの性格をきちんと見極めること。とくに、男の子の場合は、母親との性差もあるので、注意が必要です。

子どもがお母さんと性格が異なる場合、お父さんに似ていることが多いですから、悩んだときには、お父さんの意見もじっくり聞いてみてはどうでしょう。

Part 6

一人でがんばる力がつく「魔法のメッセージ」

ガイダンス

小さいころから「自立心」を育むために

これまで、「失敗する力」「工夫する力」「挑戦する力」「改善する力」という4つの力についてお話ししてきました。

これら4つの力を総合的に使って、親離れへの一歩を踏み出させるのが、最後にお話しする「自分からやる力」です。

子育ての究極の目的は、将来、一人で生きていく力をきちんと身につけさせることです。

経済的な独立はまだ遠い先の話ですが、精神的な独立つまり自立心のほうは、小さいころからすこしずつ養っていかなければなりません。

日々の生活習慣にしても、勉強に向かうときの学習態度にしても、「自分からやる意識」が身についていないと、お母さんへの依存気質が抜けず、勉強面では「やらされ感」がつきまとうことになります。

それは学童期だけでなく、その後、高校、大学、社会人となったときも、大きく尾を引く問題です。

子どもの個性を見極めながらの声がけが必要

とはいえ、子どもの自立心は、直線的に成長をとげるものでありません。いろんな体験を通して、親に支えられながら、少しずつ階段を上っていく感じです。

その階段の節目となるステップごとに必要になるのは、やはりお母さんのことばがけです。お母さんの適切なことばがけによって、少しずつ自分の力だけで階段を上っていけるようになります。

100ページでも触れたように、上の子の場合は「甘え直し」が必要なケースもあったり、しょっちゅう泣きべそをかく子もいれば、むやみと反抗しだす子もいます。

そのような個性も見極めながら、声がけをしていかなくてはなりません。

前述の4つの力を、さらに大きく育むためにも、「自分からやる力」を意識したことばがけを、本書の最後のテーマとして取り組んでみてください。

25

“内弁慶気質”から抜け出せるようにする

家族や友だちとは普通に話ができるのに、初対面の大人を前にすると、引っ込み思案になってしまい、口が重くなってしまうタイプの子がいます。

とくに、男の子に目立ちます。顔見知りのおばさんにあいさつくらいはできても、あとは何かを聞かれて、「うん」か「ううん」の返事をする程度。要するに、会話が続かないのです。

やはり、お母さんへの甘え気質が抜け切れていないからではないでしょうか。お母さんにいつも何から何までやってもらっているので、“外の人”の会話もお母さん任せ。自然と、口が重くなってしまうのです。

こういう子は、頭ごなしに注意するより、経験から少しずつ自信を積み上げさせることが大切です。もともと内弁慶なところがあるので、最初は二人三脚で伴走してあげる配慮も必要でしょう。

魔法のことばは、「次は、あなたの番ね」。

お手伝いをさせるときのことばです。

引っ込み思案にサヨナラさせる
魔法のことば

次は、あなたの番ね

ワンポイント・アドバイス

引っ込み思案の子には、「外」での手伝いをやらせてみましょう。最初はお母さんがサポートしながら「二人三脚」で。慣れてきたら、一人で役割を任せるようにします

こんな言葉は絶対言っちゃダメ！

- 「ちゃんとごあいさつしなくちゃダメじゃないの」
- 「もっときちんと話ができないの」
- 「もっとハキハキと話しなさい」

やらせることは、近所への買い物だったり、お隣に回覧板をもって行かせるなど、ごくごく普通のことでいいのですが、お母さんと一緒にチームを組んでやるような感覚をもたせるところがポイントです。

「今回はお母さんがやるから、次はあなたの順番ね」

こんなふうに言って、最初は、2～3回に1回やらせてみましょう。

慣れてきたら、今度は最初から任せる

家の「外」でのお使いをするようになると、近所の人やお店の人と会話を交わしたり、ときには友だちのお母さんなどから声をかけられ、ほめられたりします。

そこで、子どもは、“場慣れ”ということ以上のものを得ます。家族以外の人間から得た自己肯定感です。

「外」の手伝いに慣れてきたら、「次は、あなたの番ね」という二人三脚のことばから、次の段階のことばに切り替えていきます。

「これは、あなたの役目ね」

つまり、お母さんがお手本を見せるような二人三脚はやめて、最初から役割を任せるのです。

こうして、“お母さん任せ”から少しずつ卒業させ、自立をうながしていくのです。

少しずつ「外」の場に慣れさせる

26

朝の起床習慣で、自立心を養う

朝、決まった時刻に起きて、遅刻しないように家を出る。社会人になれば、否が応でも守らなければいけない習慣です。これが、親に養われているうちからできるかどうかは、精神的な自立の指標ともいえます。

でも、高校生になっても大学生になっても、起床は母親頼りというケースがけっこう多いのが現実です。

やはり、自ら起きる起床習慣は早めに身につけさせたいものです。目覚まし時計だけで起きることが目標ですが、小さいうちはなかなかそうもいきません。

その前段階として、お母さんの声がけを、「一度だけ」にするところからはじめてはどうでしょうか。

子どもが小学校３年ぐらいになったら、こんなふうに宣言します。

「明日は、１回しか起こさないからね」

なぜ、１回かといえば、お母さんが何度も起こしに来てくれると思えば、子どもはその甘えから抜けられないからです。

自分で起きられる子にする
魔法のことば

明日は、1回しか起こさないからね

ワンポイント・アドバイス

このことばを言ったら、お母さんは心配でもがまんして、かならず守ってください。もし遅刻してしまったら、同じ失敗を繰り返さないためにはどうすればいいか親子できちんと話し合いましょう

こんな言葉は絶対言っちゃダメ！

- 「何回起こしたら起きるの！」
- 「筆箱は入れたの？　連絡帳は入れたの？」
- 「お願いだから、早く起きて！」

遅刻しないための方策を親子で考える

一度しか起こさない習慣をはじめると、再び寝てしまって、学校に遅刻することもあるでしょう。親としては覚悟のしどころです。子どもにとっては、大きな教訓になります。

ただし、そのあとが大切です。子どもと相談して、対策を自分なりに考えさせるのです。

二度と同じ失敗を繰り返さないためには、どうしたらいいのか。前の日に何時に寝ればいいのか。そのためには、何時までに勉強を終わらせないといけないのか。

つまり、起きられないのは何が原因なのかを、自分で考えさせることが大切なのです。そして、自分で考えた原因を解消するために、行動に移す。

それでも、自分で起きる習慣はそう簡単に身につくものではありません。ここで、お母さんが守らなければいけないルールがあります。

「1回しか起こさないからね」と決めたルールは守り続けることです。

子どもがなかなか起きないときは、大音量の目覚ましを使うとか、ベッドをゆするとか、プラスアルファのやり方をいろいろ工夫します。

プラスアルファのやり方を加えたとしても、起こすための声がけはあくまで１回。その原則を崩してしまうと、結局は元の木阿弥になりかねません。

学校に行くしたくも、3、４年生になったら、一人でやらせるようにしましょう。

ノートを教科ごとに色分けして並べさせるとか、ブックエンドで曜日ごとに仕切って、手早くしたくができるようにするとか、対策は伝授してあげます。

それでも、忘れ物をすることはあります。でも、そのときの「しまった！」という経験が、子どもの一人立ちには欠かせないステップになるのです。

27

何をいつまでにするか、自分で考える習慣をつける

子どもに何かをやりなさいと言ったとき、「あとで」と逃げようとしたら、どうしますか？

子どもにしてみれば、本当にあとでやるつもりではいるのでしょうが、そのままうやむやになったり、やるのがどんどん遅れてしまうことが往々にしてあります。

低学年のうちは、やはりお母さんが“歯止め”になることばがけをしてあげなくてはなりません。

「何時からやるの？」

そう問いかけて、子どもに自分で開始時刻を決めさせます。「1時間後」というのは少々長すぎます。30分以内の設定をルールとしてはいかがでしょう。

高学年になると、子どものお尻もだんだん重くなってきます。「何時からやるの？」と聞いても、「う～ん、あともうちょっと」などとはぐらかすことがあります。

そんなときは、

「やりたくないなら、やらなくてもいいよ」

と突き放してみるのも、お母さんの高等戦術です。

自分で段取りする力を伸ばす
魔法のことば

やりたくないなら、やらなくていいよ

ワンポイント・アドバイス

高学年の子には、ときにはこんなショック療法も効果的。言ったからには、どっしり構えて待つことが大切です。遊びや行楽などの楽しいことの予定を立てさせ、「段取り力」をつける練習を！

こんな言葉は絶対言っちゃダメ！

- 「ほんとにいいの？　お母さん知らないわよ」
- 「やらないと、困るのは自分じゃないの？」
- 「いつも、あとでと言うだけで、やらないじゃないの」

高学年ともなれば、子どもも、やらなければ自分が困ることはわかっています。子どもがわかっているのに、わかっているかどうかを確かめるような言い方は逆効果になってしまいます。

ありがちなのは、

「いいのね？　本当にいいのね？　知らないからね」

こんな言い方です。その場面を親子の心理戦と考えるなら、お母さんが自ら弱みを見せているようなものです。子どもに足元を見透かされてしまいます。

ここはどっしり構えて、「やらなくてもいいよ」という“ショック療法”が効くのを待つことです。

楽しいことで段取り力をつける練習をさせる

子どもが、やるべきことを、いつまで、どのようにやるかを自分で決めることは、大人の世界でいえば「段取り力」の問題です。

子どもが小さいうちは、段取り力などといっても、うまく理解させることはむずかしいものです。とくに、勉強など気の進まないことには、段取りをつける気にはなかなかなりません。

お母さんにとってのチャンスは、遊びや行楽など、子どもにとって楽しいことが待ち受けているときです。

その楽しい時間をめいっぱい楽しくすごすために、
「先にやることをやっておこうよ」
こう言って、子どもに“段取り”をつけさせるのです。
「○○ちゃんが迎えにくるまで、あと1時間あるから、ドリルを片付けられるかも」
「旅行に行く次の日曜日まで、自由研究の下調べができるかも」
こんなふうに、楽しいことを満喫するために、やるべきことを片付ける意識をもたせるのです。大人の世界でいえば、「期限を前提にしたスケジュール管理」ということになります。

28

すぐにイライラする駄々っ子から卒業させる

思い通りにならないと、すぐにイライラして駄々をこねるというのは、幼児期にはよくあることですが、子どもによっては、小学校低学年でも、駄々っ子そのままに周囲に不満をぶつける子がいます。

こういうとき、お母さんが感情的になって、子どもを叱りつけたり、話を聞かずに押さえつけたりすると、子どもはイライラを増幅させるだけです。

子どもがイライラした感情をぶつけるのは、自分の思いを上手にことばにできないからというケースがよくあります。お母さんは、子どもの行為ばかりに目を向けて責めるのではなく、行為の背景にある思いを見つめなくてはいけません。

そして、子どもが、自分の感情をきちんと伝えられるようにする手伝いをしてあげるのです。問いかけのことばはストレートでかまいません。

「どうしてそんなにイライラするの？」

「何に腹が立っているの？」

子どもの気持ちを穏やかにする
魔法のことば

どうして イライラするの？

ワンポイント・アドバイス

子どもの行為ではなく、背景となる思いに目を向けてあげましょう。ことばはストレートでも、まなざしはあくまで穏やかに。自分の感情をきちんと表現するトレーニングになります

こんな言葉は絶対言っちゃダメ！

- 「駄々っ子じゃあるまいし」
- 「勝手に文句を言ってなさい」
- 「赤ちゃんじゃないんだから」

子どもの目を真正面から見つめて、でも、まなざしは穏やかにして問いかけてみましょう。

興奮して話が耳に入らないような場合には、しばらく間をおいて、気持ちが落ち着いてから、静かにたずねたほうがよい場合もあります。

困ったときは、ぎゅっと抱きしめる

よく、赤ちゃんがわけもわからず泣き出して、お母さんが困ってしまったときなどの対処法として、「困ったときは抱きしめなさい」と言われます。

何かの具合で、赤ちゃんの気分が落ち着かなくなっても、お母さんが「大丈夫」とぎゅっと抱きしめることで、赤ちゃんは大きな安心感に包まれ、すやすやと寝息を立てるようになります。

それと同じように、子どもが感情にまかせて乱暴なことば使いをしたり、物に当たってしまうようなときでも、お母さんが「はい、はい」と、おおらかな気持ちで聞き流し、すべてを受け止める態度をとると、子どもは落ち着きを取り戻して、われに返るものです。

そのとき、穏やかに「どうしたの？　お母さん、なんでも聞くから」と言ってあげれば、子どもは少しずつ口を開くようになるはずです。

お母さんは、ことばをはさんだりしないで、うん、うんと、じっくり聞きながら、子どもが心にためていたことをすべて出させてあげましょう。

ことばにすることは、子どもにとっては、お母さんへの気持ちの伝達であると同時に、自分自身を見つめることでもあるのです。イライラの原因を自分でも考えるようになります。

感情の起伏の激しい子には、お母さんが真正面から受け止めてあげることが大切です。ストレートなことばによる穏やかな問いかけは、お母さんの真剣さとして、子どもも感じてくれるに違いありません。

29

子どもの感情を母親の理性でコントロール

「子どもの成績に一喜一憂せずに、ゆったりと子どもの成長を見守りたいと思うんです」

低学年のときは、そんなふうに言っていたお母さんも、高学年になって、子どもが塾に行くようになると、点数や順位が気になって、そうそう心穏やかではいられなくなってきます。

子どもはといえば、何を言っても、「う〜ん」とか「わかってるよ」とか、いかにもうざいという態度。

穏やかだったお母さんの堪忍袋の緒も切れて、冗談ではなく、子どもの頭から味噌汁をかけたなんていう話も実際に聞いたことがあります。

子どもが反抗的になって、お母さんときちんと話ができない状態になったら、お母さんは、毅然とした対応も迫られます。とくに、高学年になったら、“大人のものの言い方”で冷静に問いかけることも必要です。

「親子で、そんな話し合いでいいの？」

「建設的な話し合いができなくていいの？」

冷静に自分を見つめる目を育む
魔法のことば

そんな話し合いでいいの？

ワンポイント・アドバイス

子どもの理性に語りかけて、感情をコントロールさせる言葉です。あれこれ言いすぎると事態はかえってエスカレートしてしまいます。びしっと言ったあとは放っておく厳しさも必要です

こんな言葉は絶対言っちゃダメ！

- 「すぐに口答えしないで」
- 「いい加減にしなさいよ！」
- 「そもそも、あんたはね……」（とネチネチはじめる）

完全に、大人扱いのことばです。子どもに答えを求める質問口調でありながら、伝えているのは、「あなたは、親との大切なコミュニケーションを拒否している」という強いメッセージです。

子どもの感情ではなく、理性に語りかけるのです。

反抗期の子どもは、揺れ動く自分の感情に自分自身が振り回されてしまっているときがよくあります。その揺れ動く感情を、母親の理性で受け止め、目を覚まさせてあげるのです。

反抗期の子どもには、ひとこと「決め台詞」を

中学受験を控えている家庭では、お母さんが冷静さを保つのは、たいへんなことかもしれません。とくに子どもの成績に関しては、われを忘れてしまうお母さんが少なくありません。私も同じ母親として、その気持ちはよくわかります。

それでも、あれこれとうるさく言いすぎると、ますます事態はエスカレートしてしまうばかりで、子どもの心には何も残してあげられません。

親からうるさく言われることが大嫌いな、この時期の子どもには、ひとこと「決め台詞」を投げかける作戦が功を奏します。

びしっと鋭い指摘をして、それ以上何も言わず、一人にして放っておくという作戦です。すると、子どもは一人になったときに、自分なりに考えるはずです。

お母さんはカッカするあまり、自分の気が晴れるまで、思いのたけを子どもにぶつけてしまうケースが多いのですが、これでは逆効果です。

本当に伝えたいことだけをひとこと言い渡して、子どもが「小言が始まる」と身構えたところで、さっと身を引いてしまうのです。

「あれっ」と、子どもは気が抜けてしまうかもしれませんが、一人になって、お母さんに言われたひとことを思い出せば、かならず自分を振り返るものです。

30

「自分は自分」という自立意識を身につけさせる

子どもの世界では、「人とちがう」ことが、仲間はずれの原因になることがあります。それがイヤで、「○○ちゃんもしているから」と、同じことをしたがります。

あるいは、単純に、大好きな○○ちゃんがしているからと、同じことをしたがるケースもあります。

友だちの真似をしたがるのは、子どもらしい心理です。でも、ある時期がきたら、その子どもの心理から、一歩大人の階段へのステップを踏み出させることも必要です。

「○○ちゃんのところはそうでも、うちはうちだから」

と、自分の家の方針を子どもに言い渡すのです。

「みんなケータイをもってるから」

欲しいものがあるとき、こう言って親を説得する子は多いのですが、

「あら、そう。でも、うちは、中学生になってからね」

これで、いいのです。どうしてと聞かれたら、

「うちの方針だから」

親の信念を伝える
魔法のことば

うちは、うちだから

ワンポイント・アドバイス

子どものために信念をもって家のルールを決めている、というどっしりした態度が大切です。お母さんもほかの親のことばに流されない姿勢を心がけましょう。説得力がちがってきます

こんな言葉は絶対言っちゃダメ！

- 「本当にみんながもっているか、○○ちゃんのお母さんに聞いてみるから」
- 「○○ちゃんも行ってるから、塾に行ったら？」

どの家庭でも、お父さんやお母さんの考え方によって子育ての方針は異なってあたりまえです。それをまず子どもにわからせることです。

もちろん、子どもが「なぜ、そういう方針なの？」と聞いてくれば、親はていねいに答えてあげなければなりません。ただし、その理由で説得しようとするのではなく、「うちは、うちだから」という、親として譲れない一線があることを子どもに教えることが大切なのです。

本書で紹介してきたことばがけの多くは、子どもにとことん寄り添う姿勢が基本です。しかし、寄り添うなかにも、凛《りん》とした姿勢で芯を１本通しておくことを忘れてはいけません。

そういう親の姿勢を見せておくことが、まわりに振り回されない、自分なりの考え方をもつ人間として子どもを育むことになるのです。

親御さん自身が自立した考えをもつこと

我が家の方針を貫くのであれば、お母さんも、ほかのお母さんの話でブレるようなことはあってはなりません。「○○ちゃんもやっているから」という理由で、通信添削をさせたり、塾に通わせたり。

子どもには、「うちはうち、よそはよそでしょ」など

と言っておきながら、子どもにやらせたいと思うと、
「みんなやってるでしょ」。
これでは、親の言うことを子どもが信頼できるはずはありません。
子どもに、しっかりとした自分なりの価値観をもってほしいと考えるのなら、お父さん、お母さんも、
「うちは、うちだから」
という姿勢を、しっかりと貫かなくてはなりません。
子どもは、合わせ鏡のように親の姿を映すものです。子どもの自立意識を育みたいのであれば、親御さんがまず自立した考え方の持ち主でなくてはならないのです。

【著者紹介】

吉本　笑子（よしもと・しょうこ）

◉——25年以上にわたり中学進学指導をおこなっている。子どもが社会に出てからも通用する「本当の学力」を育成するには、家庭で母親が子どもに寄り添っておこなう「先行体験」が効果的であると気づき、独自のメソッドを確立。

◉——現在、母親向けの講習会「お母さんの勉強室」を開講し、家事をしながらでもできる「先行体験」の具体的な実践方法を説いている。一般読者の親子を対象にした「地歴複合講座」では、「先行体験」を実践し、成果をあげている。母親たちを力強く支える温かいメッセージは、子育てに不安や悩みを抱える母親から熱い支持を受けている。『学力を無理なく伸ばす花まるママのらくらく家庭学習術』『子どもを伸ばす花まるママのことば塾』（ともに岩崎書店）『花マル笑子塾 泣かない中学受験』（情報センター出版局）ほか著書多数。

◎吉本笑子公式ホームページ『花マル笑子塾』
http://www.shounet.com/

花《はな》まるママの子《こ》どもの才能《さいのう》を伸《の》ばす魔法《まほう》のことばノート　〈検印廃止〉

2010年10月18日　　第1刷発行

著　者——吉本　笑子©
発行者——境　健一郎
発行所——株式会社かんき出版
東京都千代田区麹町4-1-4西脇ビル　〒102-0083
電話　営業部：03(3262)8011㈹　総務部：03(3262)8015㈹
編集部：03(3262)8012㈹　教育事業部：03(3262)8014㈹
FAX　03(3234)4421　　振替　00100-2-62304
http://www.kankidirect.com/

執筆・編集協力——株式会社エディ・ワン
印刷所——ベクトル印刷株式会社

乱丁・落丁本は小社にてお取り替えいたします。

ISBN978-4-7612-6713-1 C0037